BULLYING
Razão Instrumental e Preconceito

Deborah Christina Antunes

BULLYING
Razão Instrumental e Preconceito

Casa do Psicólogo®

© 2010 Casapsi Livraria e Editora Ltda.
É proibida a reprodução total ou parcial desta publicação, para qualquer finalidade, sem autorização por escrito dos editores.

1ª Edição
2010

Editores
Ingo Bernd Güntert e Juliana de Villemor A. Güntert

Assistente Editorial
Aparecida Ferraz da Silva

Capa
Carla Vogel

Projeto Gráfico & Editoração Eletrônica
Sergio Gzeschenik

Produção Gráfica
Fabio Alves Melo

Preparação de Original
Luciane Helena Gomide

Revisão
Arthur Vergueiro Vonk

Revisão Final
Lucas Torrisi Gomediano

Dados Internacionais de Catalogação na Publicação (CIP)
(Câmara Brasileira do Livro, SP, Brasil)

Antunes, Deborah Christina
  Bullying : razão instrumental e preconceito / Deborah Christina Antunes. -- São Paulo : Casa do Psicólogo®, 2010.

Bibliografia
ISBN 978-85-62553-06-6

1. Adolescentes 2. Bullying 3. Psicologia do adolescente 4. Psicologia educacional 5. Violência I. Título.

10-00535 CDD-370.15

Índices para catálogo sistemático:
1. Adolescentes : Violência : Educação e psicologia 370.15
2. Bullying : Adolescentes : Educação e psicologia 370.15

Impresso no Brasil
Printed in Brazil
Reservados todos os direitos de publicação em língua portuguesa à

Casapsi Livraria e Editora Ltda.
Rua Santo Antônio, 1010
Jardim México • CEP 13253-400
Itatiba/SP – Brasil
Tel. Fax: (11) 4524-6997
www.casadopsicologo.com.br

À Iracema Prearo Antunes
(in memoriam).

"Mais vale um gosto
que uma carroça de abóboras"

AGRADECIMENTOS

Agradeço a todos os professores que me acompanharam nesta jornada, contribuindo direta ou indiretamente para este trabalho, em especial a Antônio Álvaro Soares Zuin, Ari Fernando Maia e Eduardo Pinto e Silva.

Aos meus amigos e aos meus colegas da pós-graduação e do grupo de estudos e pesquisa "Teoria Crítica e Educação".

Aos meus pais, Silvia Lúcia Serra e José Pascoal Antunes, e a minha irmã Bianca, cuja força me impulsiona para a frente, não me deixando sucumbir. Ao meu querido Alex, por todo amor e compreensão.

E, também, às agências de fomento Capes e Fapesp, e ao colégio e alunos que participaram da pesquisa.

SUMÁRIO

Agradecimentos 7

Prefácio 11

Apresentação 15

PRIMEIRA PARTE
Bullying – Instrumentalidade e Preconceito 25

    Capítulo I - Mas o que seria isso, o *Bullying*? 27

        Definições do termo 33

        Consequências do *bullying* 38

        Fatores causais encontrados 39

        Os grupos-alvo 43

    Capítulo II - *Bullying*: razão instrumental 49

        A razão instrumental 51

        Da crítica à razão instrumental ao primado dialético do objeto 67

        Uma análise sobre o conceito de *bullying* 72

        Bullying e preconceito 87

    Capítulo III - O preconceito 93

        O preconceito à luz da Teoria Crítica 98

        A sociedade no sujeito: as personalidades descritas por Adorno 122

SEGUNDA PARTE
A Vida Empírica e as Relações entre *Bullying* e Preconceito 143

Capítulo IV - Metodologia, ou para um olhar sobre as relações entre os escolares 145

Capítulo V - Meu odiado amigo: as ambivalências reveladas... 155
    Entrevistas individuais 155
    Grupo de discussão 169

Capítulo VI - Da subjetividade à objetividade: os sujeitos como reveladores de suas condições objetivas de vida 179

Considerações Finais 221

Referências Bibliográficas 235

PREFÁCIO

Antonio A. S. Zuin[1]

De tempos em tempos, surgem certos conceitos que parecem possuir o poder de explicar as etiologias do mal-estar social, como se tais conceitos bastassem por si próprios. Talvez o mais famoso deles seja o conceito de estresse, tão difundido quanto simpático aos mais variados meios de comunicação de massa. É difícil imaginar que alguém possa ser identificado ou se identificar como isento dos efeitos na saúde, tão nocivos quanto avassaladores, em decorrência da vida agitada que não permite a realização da alimentação saudável, do tempo necessário para as atividades de lazer e da prática de esportes. Tornam-se fartamente conhecidas as receitas fáceis de como se evitar esse mal maior da sociedade contemporânea. Tais receitas, que são tão afeitas ao gosto da atual indústria cultural, revelam também, em suas "bulas", o modo como são representativas de uma forma de objetivação da racionalidade instrumental e de seu discurso tanto biologizante, para arriscar o uso de um neologismo, quanto personalista, uma vez que os malefícios psíquicos e cognitivos podem ser amainados, quando não solucionados, por meio da reação pessoal daquele que decide frequentar um curso de ioga, ou então malhar até a exaustão nas academias de ginástica para poder descarregar a chamada adrenalina, palavra tão em voga nos dias de hoje.

---

[1] Professor Associado do Departamento de Educação e do Programa de Pós-Graduação em Educação da UFSCar, pesquisador CNPq 1D, assessor Fapesp e coordenador do Grupo de Estudos e Pesquisas: "Teoria Crítica e Educação – UFSCar".

De certa forma, raciocínio semelhante pode ser atribuído no caso das práticas de violência, tanto física quanto psicológicas, praticadas nos estabelecimentos escolares, cujo fenômeno foi recentemente identificado como *bullying*. É como se, finalmente, tivesse sido encontrado um conceito que representasse e resumisse por si só tais formas de manifestação da violência entre os educandos. Não por acaso, atualmente pululam as publicações que ensinam os modos adequados de se evitar as práticas do *bullying*, da mesma forma como um bom manual de autoajuda apresenta ao leitor os dez passos necessários para se tornar uma pessoa de sucesso, – ou então as regras fundamentais para se poder evitar o comportamento de birra das crianças que não se comportam de forma equilibrada.

De fato, a força mágica que a palavra *bullying* parece adquirir lembra a famosa asserção de Adorno e Horkheimer, presente na *Dialética do Esclarecimento*, de que, se na construção do mito já poderiam ser identificados elementos embrionários do discurso científico, tais como a presença de um raciocínio circular e da fixação e exposição dos acontecimentos, já na imanência do dito discurso científico encontram-se elementos mitológicos, cuja força de rotulação e de racionalização fornecem os contornos autoexplicativos do conceito, de modo que suas mediações histórico-culturais se esfacelam na mesma proporção em que recrudesce sua pretensa autosuficiência.

Toda violência pode ser explicada e justificada pela presença do *bullying*. Então, uma vez feito o diagnóstico, cabe aos profissionais da ciência não só diagnosticar como também receitar os tipos de remédios. Mas as posologias não são assim tão fáceis de serem elaboradas, tal como possa parecer à primeira vista. E isso ocorre não por conta da aparente deficiência do diagnóstico que não levou em consideração a presença de outras variáveis, mas sim por sua pretensão de ter um prazo de validade infindável. Tal como no caso do conceito de estresse, os efeitos do *bullying* são considerados como causas explicativas, e se transformam em verdadeiras abstrações que desconsideram as mediações histórico-culturais que determinam o modo como as faces das violências física e simbólica se expressam. No entanto, deve-se levar em conta as construções sociológicas, políticas, econômicas, ideológicas para se pensar uma educação que não reproduza a própria barbárie. Ou seja, a investigação de tais mediações possibilita refletir sobre o conhecido alerta de Freud, no *Mal-estar na civilização*, de que os educadores deveriam estimular a presença da reflexão da agressividade da qual em muitas ocasiões os próprios alunos se tornavam objetos. Justamente por evitar a discussão de tal agressividade presente nas práticas escolares, a educação se comporta "como que se devesse equipar pessoas que partem para uma expedição polar com trajes de verão e mapas dos lagos italianos." (Freud, 1996c).

De acordo com Freud, "[...] torna-se evidente, nesse fato, que se está fazendo certo mau uso das exigências éticas. A rigidez dessas exigências não causaria tanto prejuízo se a educação dissesse: É assim que os homens deveriam ser, para serem felizes e tornarem os outros felizes, mas terão de levar em conta que eles não são assim" (Freud, 1996c). A chance de se ter uma postura verdadeiramente ética necessita da explicitação e, principalmente, da crítica da cultura que oferta uma série de vantagens e prazeres para os que não são éticos. No que diz respeito ao tema desse livro, há que se destacar a análise competente e oportuna de Deborah Christina Antunes, principalmente na relevância atribuída ao conceito de preconceito como chave de investigação das formas como as violências física e simbólica se objetivam nas relações entre os educandos, ao mesmo tempo em que critica o caráter positivista do emprego do conceito de *bullying* que viceja em várias publicações atuais. Trata-se de uma investigação pertinente e acurada que se insere nos estudos dos pesquisadores brasileiros que têm como objetivo revitalizar conceitos da chamada Teoria Crítica da Sociedade, particularmente aqueles elaborados por Theodor W. Adorno e Max Horkheimer. Por tudo isso, o leitor tem oportunidade de, ao se aproximar do raciocínio instigante da autora, contestar o movimento hegemônico dos educadores que parecem se esforçar para continuar a vestir tais trajes de banho, ao mesmo tempo em que seus lábios se arroxam e suas palavras já não são pronunciadas diante da frieza demonstrada em reações violentas praticadas por seus alunos.

APRESENTAÇÃO

A questão da violência vem se fazendo presente cada dia mais na sociedade. Todos os dias, os noticiários não se furtam a mostrar cenas de crimes em suas mais variadas formas. O assassinato de um índio por um grupo de jovens da classe média; a morte de um estudante de medicina durante um ritual de trote na universidade, há alguns anos; o espancamento de uma empregada doméstica que esperava por um ônibus; no último ano, uma criança presa à porta de um carro, dirigido por um grupo de jovens, que a arrastou até sua morte; e o amplamente noticiado assassinato da menina Isabella demonstram a irracionalidade presente na cultura e que não se furta a mostrar sua força, a despeito das sanções políticas e legais e do lema da igualdade e da liberdade. No entanto, aprende-se a conviver com ela. As cenas de violência apresentadas, os assassinatos noticiados, a barbárie presente em cada canto das cidades em um individualismo sem indivíduo, na segregação cultural e econômica em tempos de globalização, na morte em vida, são assimilados. Em vez de provocarem uma ação em direção à mudança pelo reconhecimento da impossibilidade de existir em um mundo de terror, são transformados em entretenimento. Porém, essas questões parecem ainda chocar quando se verifica que os envolvidos são jovens, adolescentes e crianças: representantes precoces da delinquência de toda uma sociedade.

Um dos temas bastante em voga hoje é a expressão da violência entre aqueles que estariam em fase de socialização, e em uma instituição que tem por pretensão e objetivo iniciais – como defendem alguns – a transmissão da cultura de modo sistematizado, a preparação dos sujeitos para a vida adulta, com base nos conhecimentos produzidos e acumulados pela humanidade. Em escolas de todo o mundo capitalista, pesquisadores têm observado um modo característico de convivência entre os alunos – e também do lado de fora dos muros escolares – que é mediado por práticas de segregação, violência física e simbólica, algumas vezes mascaradas pelo humor. A essas relações tem se atribuído a denominação *bullying*.

Nos últimos anos, assiste-se à expansão de pesquisas, intervenções, reportagens midiáticas e eventos locais sobre o assunto. Professores e pesquisadores têm se reunido para discutir sobre o tema e alertar seus pupilos das relações "doentias" ou "demoníacas" em que podem se envolver. Não obstante, as informações são transmitidas, na maioria das vezes, acompanhadas da culpabilização dos sujeitos, de conselhos morais e religiosos e da assinalação de punições futuras, mesmo quando se reconhece a existência de variáveis individuais e sociais. Embora pareçam estar contra um determinado modo de socialização, de convivência e de cultura, estão a favor da correnteza.

Não seria exagero dizer que esse é um tema da moda. Mesmo o trabalho aqui apresentado tem sido, por vezes, causa de euforia e alvo de curiosidade por parte dos que, a despeito de seu conteúdo, imediatamente entram em *frenesi* ao serem atingidos pelo estímulo sonoro ou visual do termo em inglês, já apropriado no Brasil. Esquece-se de que nomear algo não significa controlá-lo, e que o que representa tem sido, nos últimos tempos, uma condição da existência humana nos mais variados ambientes, mas que não deve ser confundido com algo que lhe é intrínseco.

No início do trabalho que gerou o presente livro, essa euforia e esse modismo pareciam colocar em xeque a validade da pesquisa e, de fato, chegaram a gerar certo desânimo, não fosse a idealização de uma meta: fazer dele algo antimoda, o que não significa resistência sectária, mas, sim, reflexão. A inovação aqui não se pretende pelo tema, pela metodologia ou pela descoberta de novas dificuldades, tão caros à ciência, mas, principalmente, pela reformulação de uma questão que, não sendo servil à moda, tem continuidade no âmbito da reflexão científica e cultural esquecida pelo lema da positividade. Trata-se de encarar o problema em seu aspecto científico-filosófico e, a partir da investigação e reflexão teórica e empírica, produzir se não uma resposta ao momento atual, mas pelo menos indicar a presença de questões que têm de ser problematizadas, inclusive em seu caráter histórico e irracional.

No entanto, isso se aplica a um recorte bem específico. A violência nas e das instituições de ensino tem sido estudada com maestria por alguns pesquisadores capazes de realizar essa reflexão em âmbito político, econômico, histórico, social, cultural, individual etc., mas não é isso que está em pauta. O objeto aqui é o conceito de *bullying*, pois mesmo que alguns pesquisadores consigam ainda estabelecer uma relação direta com seu objeto de estudo – determinadas relações de violência escolar, sem a mediação desse conceito –, não se pode mais negar sua existência e influência, cada vez mais marcantes nas pesquisas e intervenções atuais.

Nesse sentido, este livro tem dois propósitos: analisar o conceito de *bullying*, baseando-se na crítica à razão instrumental, e apontar para a proximidade entre o que descreve o conceito e o preconceito estudado por Theodor W. Adorno na década de 1940. No entanto, não são dois objetivos separados; eles se complementam quase como uma necessidade vital deste estudo. A realização do primeiro sem o segundo poderia levar à falsa interpretação de que tais relações de violência não devem ser examinadas, o que se torna ideológico na medida em que colabora para a manutenção da barbárie, que não desaparece quando é simplesmente catalogada, tampouco o fará se nos abstivermos de reconhecer sua ocorrência.

Já a realização do segundo objetivo sem a análise proposta no primeiro, que deve antecedê-lo, reduziria o conteúdo crítico da obra a mais uma mera explicação dos fatos observados e descritos pelos pesquisadores, dentre tantas outras. Da mesma maneira, poderia ser sugado pela rede ideológica de modo a colaborar com o vigente. É na tentativa de alcançar os objetivos propostos que este livro está dividido em duas partes. A primeira baseia-se essencialmente em questões teóricas; a segunda, na análise de dados empíricos.

A primeira parte divide-se, por sua vez, em três capítulos. No primeiro, inicialmente é introduzido o estudo da violência escolar no Brasil. A importância dessa introdução se dá em seu aspecto histórico, na explicitação de como os estudos sobre essa questão são recentes. Tendo se iniciado nos anos de 1980, o foco desses estudos modificou-se de uma década para outra – das depredações para as relações interpessoais –, o que parece ter colaborado para que se introduzisse as discussões sobre o *bullying* aqui, a partir do final do século XX e início do XXI. Em seguida, o próprio conceito de *bullying* é apresentado, com base em trabalhos nacionais e internacionais e a partir das principais discussões a respeito do tema. Desse modo, além de descrever o termo, as suas consequências para os envolvidos, os fatores causais e os grupos que costumam ser alvo dessa violência também ganharam destaque.

No segundo capítulo, é apresentada a base teórica que se utilizou neste trabalho, e realiza-se uma análise do conceito. Nesse capítulo, tem-se a crítica à razão instrumental realizada por Theodor W. Adorno e Max Horkheimer, passando por uma breve história do conhecimento, pelos conceitos de razão subjetiva e razão objetiva, pela substituição do primado do objeto pelo primado do sujeito, e pela redução da linguagem a termos operacionais. Além disso, discute-se a proposta adorniana de um retorno ao primado do objeto de modo dialético, o que ele chamou de segundo giro copernicano, um modo de conceber a realidade, seja na cultura ou na ciência, que foge ao dogmatismo no âmbito da razão e visa à transformação das condições sociais.

A análise crítica do conceito de *bullying* é feita por meio do confronto entre conceito e teoria, apresentados previamente. Questiona-se como o surgimento do próprio conceito de *bullying* parece ter sido propiciado pela direção que a filosofia e a ciência tomaram no processo de desenvolvimento histórico e industrial da sociedade. Desenvolvimento este sedimentado nos indivíduos, que determina, inclusive, seu olhar para a realidade, que resulta do modo de produção capitalista marcado pela instrumentalização do pensamento e pelo privilégio dos meios com relação aos fins. Assim, esse conceito parece fazer parte de uma ciência instrumentalizada e a serviço da manutenção de uma ordem social desigual, revelando-se, também, ideologia, pois além de sua fundamentação parecer a-histórica, o conceito surge "independentizado" a despeito das diversas teorias.

As discussões aqui permeiam as seguintes questões: a pretensão de um conceito universal, pontual e sem extensão, que se mostra vazio e tende globalmente a substituir palavras nativas que poderiam indicar, na análise de suas origens, o significado negado pelo conceito formal; as rígidas tipologias inerentes ao conceito de *bullying*, como os tipos de comportamento e os tipos de sujeitos envolvidos, que transformam aquilo que é flexível em características estáticas, negligenciando, sobretudo, o impacto dos fatores históricos e sociais; a análise rudimentar das variáveis sociais, seccionadas de sua gênese, que reconhece a mediação histórica da humanidade, mas trata o individual como imediato; o engodo da relação ideológica entre ciência e religião representado nos discursos de alguns pesquisadores; a preocupação em relação às consequências da violência à saúde dos sujeitos, que revela não uma real preocupação com o humano, mas com sua adaptação à própria ordem que os adoece; o olhar para os determinantes sociais de modo linear, não dialético; e a redução da realidade a termos operacionais, condição para a submissão do pensamento à ideologia. Ao final do capítulo, propõe-se não deixar de lado o estudo da violência entre os alunos, descrita como *bullying*, mas tomar tais fatos como objetos em si mesmos sem desconsiderar suas mediações subjetivas. Observando-se o que o conceito descreve, são apresentados, por fim, alguns pontos que levam à hipótese de proximidade entre os fatos rotulados de *bullying* e o preconceito estudado por Adorno, como a caracterização dos grupos-alvo ou vítimas (ciganos, homossexuais, obesos e acima do peso, e pessoas com necessidades especiais), além da função psíquica e das relações de poder em que se baseiam.

No terceiro capítulo, ainda na primeira parte, são apresentados a pesquisa sobre o antissemitismo e o conceito de preconceito, especificamente frankfurtianos. Dois trabalhos servem de base: a obra *A personalidade autoritária* e o capítulo "Elementos do antissemitismo", do livro *Dialética do esclarecimento*, embora outros textos de Adorno e Horkheimer, bem como de alguns comentadores, sejam utilizados de modo a ajudar na exposição do conceito. Primeiramente, é realizada uma contextualização histórica da pesquisa sobre o antissemitismo, de seu lugar dentro dos estudos da chamada Escola de Frankfurt, e do papel que a psicanálise obtém como um momento da explicação responsável pela mediação subjetiva do sistema social objetivo, sempre considerando a primazia dos fatores objetivos sobre os psicológicos. Na dinâmica do conceito de preconceito estão envolvidos: o pensamento estereotipado, as generalizações anteriores, as experiências incompletas e a racionalização de uma hostilidade irracional enraizada na personalidade dos sujeitos, além dos aspectos sociais, políticos e econômicos contemporâneos ao desenvolvimento do indivíduo, considerados fatores determinantes, principalmente quando se sedimentam por meio de ações orientadoras e coercitivas. Considera-se aqui que a função psicológica dessas atitudes, seus determinantes históricos e a ação dos fatores externos sobre a sua existência efetiva estão em uma ação recíproca e constante. Os pontos abordados na definição de preconceito são: sociedade, ideologia, indústria cultural, pensamento de *ticket*, personalidade e falsa projeção. Além disso, também são apresentados os mecanismos de defesa psíquicos que Jahoda e Ackerman, em seu livro *Distúrbios emocionais e anti-semitismo*, encontraram nos sujeitos predispostos ao preconceito (projeção, negação, transformação da angústia em agressão, racionalização, fuga, oposição, deslocamento, formação reativa e compensação), e que são considerados, neste caso, ao mesmo tempo expressões das próprias ideologias e a chave de seu desvelamento.

De modo a compreender como na obra *A personalidade autoritária* os autores realizaram a interação entre psicanálise e uma teoria crítica da sociedade objetivamente orientada, foi escrita a segunda parte do terceiro capítulo. Nela é apresentada uma tipologia proposta por Adorno com o objetivo tanto de criar armas contra o preconceito – dada a necessidade que o pensamento fascista tem das massas –, quanto de sistematizar experiências o mais livremente possível, enfatizando o pensar produtivo sabotado pela linearidade da ciência organizada segundo o método positivo, ou seja, uma tipologia dinâmica e social que busca chaves que abram caminhos para se pensar as diferentes reações dos sujeitos diante do mesmo clima cultural. Nos tipos, as análises deram-se em torno do desenvolvimento dos sujeitos a partir da resolução do complexo de Édipo. Isso porque a partir dessa resolução a relação com a autoridade é realizada na vida adulta. No entanto, se de um lado a resolução do Édipo é mediada pela família, de outro, não é apenas por ela; e se em alguns casos uma família autoritária pode gerar sujeitos predispostos ao preconceito, em outros tal predisposição pode vir a ocorrer justamente pela necessidade de autoridade. Assim, a questão não é apenas a introjeção de um modelo de autoridade, mas, antes, a crítica ao próprio modelo, necessária à diferenciação entre sujeito e mundo externo. No entanto, embora se tenha falado mais em termos psicológicos, a ênfase da determinação é dada à cultura. O que a tipologia denuncia, pela variedade de tipos, é como são diversas as formas com que a sociedade se impõe aos sujeitos. Pode-se perceber, desse modo, como o processo social, o progresso tecnológico e o sistema capitalista criam um emaranhado de relações em que a reflexão autônoma, essencialmente necessária para o ideal de indivíduo do iluminismo, passa a ser um obstáculo ao seu desenvolvimento, requerendo dos sujeitos uma submissão cega e instantânea.

Na segunda parte, é apresentado um estudo empírico que buscou verificar se na base dos comportamentos descritos como *bullying* estariam os determinantes que em conjunto formam a definição frankfurtiana de preconceito, conforme a hipótese deste trabalho. Essa parte é também dividida em três capítulos em continuidade com a parte anterior. Assim, o quarto capítulo é referente à metodologia da pesquisa e tem como subtítulo "Para um olhar sobre as relações entre os escolares". Nele, encontra-se a descrição do local de coleta de dados, dos participantes, dos procedimentos realizados e dos materiais utilizados. A coleta dos dados, realizada com estudantes do oitavo ano de um colégio particular de ensino fundamental, ocorreu por meio de entrevistas individuais e um grupo de discussão. Isso porque as entrevistas são consideradas um procedimento adequado para a exploração, descrição e análise de determinados fenômenos. Já o grupo de discussão leva em conta que, dependendo das trocas da vida afetiva, podem surgir durante a discussão tendências mais variadas que contenham, inclusive, contradições. Além disso, este último procedimento tenta fazer justiça à consideração de que opiniões e atitudes não surgem nem atuam de forma isolada, mas em uma relação permanente de reciprocidade entre indivíduo e sociedade.

Se por um lado os procedimentos, principalmente as entrevistas, propiciaram uma autodenúncia dos sujeitos com respeito às relações irracionais de violência que estabelecem entre eles; por outro, esses mesmos depoimentos, juntamente com a discussão, possibilitaram ir além da superfície dessas relações. As falas incluem aspectos e motivações tanto subjetivos quanto sociais e podem ser verificadas no capítulo quinto.

É nessa direção que a análise é realizada no sexto e último capítulo. Nesse momento são discutidos – tanto relacionados entre si quanto com os dados – os seguintes aspectos: indústria cultural, semiformação, identificação e idealização, mimese compulsiva, narcisismo, humor, ideais da mídia e autoridade, identificação com o agressor, narcisismo das pequenas diferenças e ressentimento. A análise indica que, subjacentes aos comportamentos descritos pelo vazio conceito de *bullying*, parecem estar os mesmos determinantes do antissemitismo, guardadas as devidas proporções. Ou seja, a condição para a predisposição ao preconceito está presente no desenvolvimento dos sujeitos, na relação estabelecida com a autoridade e na cultura. O que é descrito como *bullying* é, na realidade, uma composição de sintomas de ordem social que está sedimentada nos sujeitos.

Algumas questões importantes são colocadas também nas "Considerações Finais", que não têm a pretensão de uma conclusão, ou de algo definitivo. Nelas, recuperou-se a discussão a respeito das relações de similaridade e diferença entre os conceitos de *bullying* e preconceito aqui trabalhados, bem como entre os fatos aos quais se referem. Ambos os conceitos tratam da barbárie relacionada a uma sociedade administrada, em que a conciliação entre os sujeitos e a cultura é impossibilitada. No entanto, são modos diametralmente opostos de estudar a questão da violência irracional. Também foram realizadas reflexões sobre a função da educação como promotora de autonomia e sobre a relação entre teoria e práxis.

PRIMEIRA PARTE

BULLYING – INSTRUMENTALIDADE E PRECONCEITO

CAPÍTULO I

MAS O QUE SERIA ISSO, O *BULLYING*?

Indisciplina, conduta antissocial, delinquência juvenil, distúrbio de conduta e *bullying*. Estes são alguns conceitos apresentados por Martins (2005) com relação aos tipos de violência encontrados no ambiente escolar que decorrem de estudos realizados em diversas partes do mundo, revelando-se uma das grandes preocupações das sociedades industrializadas.

No Brasil, parceiro do processo de democratização do país e uma consequência de sua elevação à condição de problema nacional, devido à disseminação e diversificação no âmbito da sociedade civil, o estudo da violência no ambiente escolar ganhou maior atenção na década de 1980. Na época, a ênfase estava no diagnóstico da ocorrência de violência escolar em várias cidades do país – nos estudos realizados por organismos públicos da educação, associações de classe e órgãos privados – e na violência contida nas práticas dos estabelecimentos escolares, considerados autoritários e estimuladores de um clima de agressão (nos dois únicos estudos encontrados que foram realizados em universidades). Eram levados em conta os grandes problemas de violência escolar, as depredações, os furtos e as invasões de prédios escolares em que não havia atividades (Sposito, 2001).

Já na década de 1990, as ONGs (organizações não governamentais), os sindicatos docentes e os órgãos públicos realizaram pesquisas de natureza descritiva e com intenção de diagnosticar a violência. No entanto, parte significativa dos diagnósticos era de natureza quantitativa, como os realizados pela UNESCO e pela Fundação Perseu Abramo (Sposito, 2001). Esses estudos buscavam a percentagem de jovens de cada gênero, em determinadas regiões do país, que estavam envolvidos em situações de violência na escola, como agressões físicas, discussões e ameaças. Assim, pode-se perceber que, de uma década para outra, o padrão da violência mudou ou, pelo menos, o foco do estudo de um tipo ou de outro. Dessa forma, nas pesquisas realizadas nas escolas públicas, as agressões verbais e as ameaças foram as mais frequentes na época, embora os estudos sobre essas questões sejam, segundo Sposito (2001), ainda incipientes.

Ainda nos anos de 1990, algumas pesquisas de estudos de pós-graduação em universidades abordaram a temática segundo uma relação entre a violência dos bairros periféricos e favelas – regiões subjugadas pelo domínio do crime organizado e do tráfico de drogas – e a vida escolar. Entretanto, alguns estudos apontaram para

> Um padrão de sociabilidade entre os alunos marcado por práticas violentas – físicas e não físicas – ou incivilidades que se espraiam para além das regiões e estabelecimentos situados em áreas difíceis ou precárias, atingindo também escolas particulares destinadas a elites. (Sposito, 2001, p. 99)

Refere-se aqui também à violência em escolas particulares e do lado de fora dos muros escolares, embora as pesquisas, de acordo com Sposito (2001), se situem prioritariamente nos estabelecimentos públicos, ou, quando muito, comparam o que ocorre nas escolas públicas e nas escolas particulares.

Uma mudança no caráter das práticas de violência estudadas, que passaram de depredações, furtos e invasões de prédios escolares para agressões verbais, físicas e ameaças, encerra o século XX e inaugura o século XXI com o estudo de um tema

Capítulo I
Mas o que seria isso, o *Bullying*?

cuja discussão atualmente cresce tanto nas universidades quanto nas escolas e na mídia: o *bullying*, como é conhecido hoje no Brasil, ou, simplesmente, intimidação e violência entre pares.

Os primeiros trabalhos realizados no país sobre o *bullying* foram os de Dorneles, Grigoletti e Canfield (1997), Figueira e Ferreira Neto (2001), e Fante (2005). Os primeiros procuraram observar os comportamentos agressivos de crianças de quatro escolas de ensino público em uma cidade do estado do Rio Grande do Sul. As pesquisas realizadas por Figueira e Ferreira Neto (2001) visaram ao diagnóstico do *bullying* em duas escolas municipais do Rio de Janeiro. Já Fante (2005) realizou quatro estudos em escolas públicas e particulares de cidades do interior do estado de São Paulo que buscaram o diagnóstico do *bullying* com base em pesquisas que utilizaram questionários e produziram dados quantitativos sobre incidência, número de vítimas e agressores. A mesma autora possui o programa "Educar para a Paz", que visa ao combate e à redução de comportamentos agressivos entre os estudantes. Há, também, as intervenções realizadas pela Associação Brasileira Multiprofissional de Proteção à Infância e à Adolescência (ABRAPIA), que realiza programas com o objetivo de diminuir a incidência de prática de violência entre os alunos (Lopes Neto, 2005).

Em cursos de pós-graduação, também têm surgido pesquisas sobre o tema, como indicam os onze resumos de trabalhos de pós-graduação encontrados no Banco de Teses do Portal da Capes[1] a partir do descritor *bullying*. Destes, os trabalhos de Miranda (2004), Catini (2004), Lisboa (2005), Carreira (2005), Santos (2005), Medeiros (2006) e Pinheiro (2006) abordam diretamente o assunto. Miranda (2004) realizou sua pesquisa na cidade de Ribeirão Preto (SP) e sua ênfase de análise foi a saúde. Ela mostrou a relação entre o *bullying* nas escolas

---

[1] Disponível em: <http://www.capes.gov.br/servicos/bancoteses.html>.

29

e as morbimortalidades. Catini (2004) procurou compreender o *bullying* na realidade brasileira, por meio de uma pesquisa em uma escola da periferia da cidade de Campinas. Por meio de desenhos e entrevistas com crianças, a autora buscou a visão delas sobre a violência e concluiu que, no Brasil, o *bullying* relaciona-se a uma ética competitiva e individualista que também gera o tráfico e o consumo de drogas e precisa ser substituída por uma ética cooperativa e coletivista.

Já Lisboa (2005), com o objetivo de gerar subsídios para programas de intervenção que visem à adaptação das crianças, investigou processos de vitimização, agressividade e amizade por meio de testes padronizados e instrumentos projetivos, apontando a relação entre agressividade individual e amizade recíproca e o risco de sofrer ou realizar *bullying*. Carreira (2005), por sua vez, traçou o quadro de violência em duas escolas do Distrito Federal – uma pública e outra particular –, destacando as agressões verbais e o *bullying*. Além disso, a autora investigou o preparo e o papel do gestor de escola para lidar com ou prevenir a violência, bem como as expectativas da comunidade escolar sobre sua intervenção.

Santos (2005) tratou do assédio moral em geral, não especificamente nas escolas, mas em todos os ambientes e círculos sociais e na convivência diária. A partir da área jurídica, a autora abordou o papel da psiquiatria e psicologia forenses e buscou bases na teoria geral do direito civil e na teoria da responsabilidade civil para construir uma discussão sobre o bem jurídico e a integridade psíquica, violados por meio do *bullying*. Pinheiro (2006), que realizou sua pesquisa no município de São Carlos (SP), buscou encontrar, com base em questionários sobre a violência entre alunos e a violência doméstica, as relações que há entre violência familiar e tornar-se alvo ou ator de *bullying* em escolas da rede pública da cidade. Medeiros (2006), cuja pesquisa se desenvolveu na cidade de São José do Rio Preto (SP),

Capítulo I
Mas o que seria isso, o *Bullying*?

buscou investigar estatisticamente, com base nas opiniões de alunos, professores e funcionários, se a agressão entre os alunos os desmotivava a frequentar a escola e se interferia no processo de ensino-aprendizagem.

Também na mídia, cotidianamente, assistimos a reportagens sobre o tema, popularizando a discussão entre pais, professores, profissionais da saúde, crianças e adolescentes. É o caso, por exemplo, do que se publica em jornais de ampla divulgação, como a *Folha de S. Paulo* (*Folha on-line*, 2006a; 2006b) e *O Estado de S. Paulo* (*Estadão*, 2006). Em uma reportagem do jornal *Folha de S. Paulo* foram apresentados o conceito de *bullying* e as formas de agir, caso os pais acreditem que seus filhos estejam em uma situação dessa (2006b); em outra, foi divulgado um livro que ensina os pais a lidar com o problema (2006a). O jornal *O Estado de S. Paulo* (2006) trouxe a notícia de que um comitê especial no Japão, dirigido por Ryoji Noyori, ganhador do prêmio Nobel de Química, decidiu punir alunos vistos como agressores de outros, separando-os em classes especiais e obrigando-os a prestar serviços sociais.

No programa *Mais Você* da Rede Globo, destinado às donas de casa, a apresentadora colocou no ar reportagens sobre o tema, expondo o conceito (Ribeiro, 2005) e suas consequências para quem sofre violência de algum colega de escola (Ribeiro, 2006). Recentemente, o programa *Fantástico* da mesma emissora divulgou uma reportagem sobre o *bullying* escolar, enfatizando sua ocorrência também na internet. Nela, foi relatado que uma de suas maiores causas é a falta de punição (*Nin; Alaniz*, 2007). Em revistas como *Nova Escola* (Cavalcante, 2004), *IstoÉ* (2004), *Viver Mente e Cérebro* (Schäfer, 2005) e *Atrevida* (Mercatelli, 2005), também foram encontradas reportagens sobre o assunto, em que se apresentaram o conceito, suas consequências e o que deveria ser feito para mudar a situação. É importante lembrar que os programas de televisão, as revistas e os jornais citados são de circulação nacional e, além disso, podem ser acessados via rede mundial de computadores.

Longe de pretender esgotar aqui os trabalhos existentes sobre o tema e as reportagens divulgadas pela mídia, que surgem a cada momento, pode-se constatar, a partir do que foi apresentado, que o tema *bullying* está cada vez mais em pauta. E embora seja um conceito que abrange comportamentos agressivos não apenas no ambiente escolar, mas também em outros como o local de trabalho, a casa da família, as forças armadas, as prisões, os condomínios residenciais, os clubes e os asilos (Fante, 2005; Smith, 2002), sua ocorrência nas escolas é a mais estudada e enfatizada atualmente. Os estudos, as pesquisas e as reportagens realizados dentro e fora da academia adotam o conceito de *bullying* tal como descrito pelos autores europeus, e, trabalhando com base nele, buscam mapear, diagnosticar e encontrar determinantes para a sua ocorrência, bem como suas consequências individuais.

No entanto, apesar da divulgação ampla do conceito de *bullying* e de ter adentrado as discussões sobre violência escolar no Brasil, parece que ainda carece de uma análise crítica. Até o momento, não foram encontrados trabalhos, pesquisas, livros ou artigos que tragam uma real problematização. Este é o objetivo da primeira parte deste livro. Para isso, apresentam-se, a seguir, o conceito de *bullying* como encontrado na literatura estrangeira e nacional; e, depois, a base teórica a ser utilizada e a análise do conceito.

Chamado de "fenômeno" e "síndrome social" pelos pesquisadores do tema, o *bullying*, por meio de inúmeras pesquisas, constitui-se da soma de diversas características, consequências e variáveis individuais e sociais. É um tema atual de estudo e ainda incompleto, como demonstrado pela crescente bibliografia na área que recebe contribuições de todas as partes do mundo, inclusive do Brasil. Para realizar este trabalho e para

Capítulo I
Mas o que seria isso, o *Bullying*?

compreender por que o conceito recebe as denominações de "fenômeno" e "síndrome social", bem como para descobrir se esses adjetivos lhe são aplicáveis, é importante que ele seja inicialmente mapeado, que se compreenda como ele se constitui e o que ele pretende descrever. Este capítulo tem, por isso, o intuito de apresentar ao leitor esse conceito, assim como o que tem sido produzido a seu respeito nos últimos anos. Não cabem, por ora, questionamentos ou críticas, e embora se reconheça que nas ciências humanas a neutralidade para com o objeto de pesquisa é uma questão problemática e até mesmo perigosa, ainda que necessária, a tentativa aqui foi de realizar inicialmente uma apresentação sem julgamentos, visando a esclarecer o assunto para quem desconhece o tema e sua forma de abordagem. Pela quantidade de informações e diversidade de autores e pesquisas, esta parte foi dividida em quatro subitens, assim denominados: "Definições do termo", "Consequências do *bullying*", "Fatores causais encontrados" e "Grupos-alvo". Essa divisão se justifica e se baseia nas variáveis estudadas e abordadas separadamente nos livros e artigos encontrados, sendo assim um retrato estático do conceito, como verificado na bibliografia consultada. Espera-se que, com o texto produzido aqui, as bases para as futuras análises estejam suficientemente estabelecidas.

DEFINIÇÕES DO TERMO

O nome *bullying* e seu conceito vieram da tradição europeia. Segundo Smith *et al.* (2002), o termo, cunhado pelo norueguês Dan Olweus nos anos de 1970, abrange todos os comportamentos que, na Áustria, eram chamados *sekkieren, ärgem, gemein sein* e *angreifen*; na China, *lingu, qifu, qiling, qiru, qiwu, qiya* e *wuru;* na Inglaterra, *bullying, harassment, teasing, intimidation, tormenting* e *picking on;* na França, *violence;* na Alemanha, *ärgen, angreifen, gemein*

33

sein e *schikanieren;* na Grécia, *kano to magha, miono* e *teleporo;* na Islândia, *radast a, hrekkja, skilja ut undan, strida, taka fyrir* e *einelti;* na Itália, *aggressività, fare il duro, prepotenza, violenza, approffitarse, cattiveria* e *scorretto;* no Japão, *ijime, ijiwaru, iyagarase, fuzake* e *nakamahazushi;* na Noruega, *erting, mobbing, plaging* e *krangling;* em Portugal, *abuso, armar-se, insulto, provocação, rejeição* e *violência;* na Eslovênia, *nadlegovanje, nasilnustvo, trpincenje, ustrahovanje, zavracanje* e *zlorabljanje;* na Espanha, *maltrato, meterse con, rechazo, abuso* e *egoísmo;* e, na Tailândia, *nisai mai dee, klang* e *tum raai*. De acordo com esse estudo, todos os termos fazem referência a alguma característica ou comportamento incluso no conceito de *bullying*, com diferenças entre gênero e idade, sem abrangê-lo totalmente. Por conta disso, *bullying* passou a ser adotado na maioria das pesquisas sobre violência entre pares nesses países e em diversas outras partes do mundo, incluindo o Brasil, com vistas a facilitar sua classificação, seu reconhecimento, diagnóstico e intervenção. Assim, pode-se dizer que a palavra *bullying* deixou de ser um termo com um significado cotidiano, dos dicionários, onde pode ser encontrado como "maltratar/intimidar" (Houaiss; Cardom, 1996), e passou a representar um conceito utilizado pela comunidade científica para referir determinadas relações de violência, sejam físicas ou psicológicas, entre colegas em diferentes ambientes e contextos, entre eles, o escolar.

De acordo com Smith (2002), data dos últimos dez ou vinte anos o interesse no estudo sobre o tema. Olweus (1993) apresenta um breve histórico sobre o desenvolvimento dos estudos a respeito do *bullying*. Segundo o autor, eles se iniciaram no final dos anos de 1960 e início dos anos de 1970. Na época, as pesquisas deram-se na Escandinávia, e apenas entre os anos de 1980 e 1990 passaram a ser realizadas em outros países, como Japão, Reino Unido, Irlanda, Estados Unidos, Canadá e Austrália. Atualmente, ocorrem em todo o mundo. Na Escandinávia, embora na época o tema já fosse bastante discutido por pais e

Capítulo I
Mas o que seria isso, o *Bullying*?

professores, apenas quando casos de suicídio começaram a ser amplamente divulgados pela mídia, aparentemente consequência de agressões entre os colegas – o que mobilizou a opinião pública –, as autoridades escolares passaram a se preocupar com o "fenômeno" (Olweus, 1993).

Olweus (1993) define o *bullying* pela exposição repetitiva de um estudante a ações negativas de outro ou um grupo deles (na maioria das vezes, grupo). Essas ações negativas teriam um sentido próximo ao do que o autor considera comportamento agressivo, ou seja, infligir ou incomodar o outro, e podem ocorrer por meio de palavras, ações, contato físico, caretas, gestos obscenos, exclusão etc.

No mesmo sentido, Smith (2002) caracteriza o *bullying* como um subconjunto de comportamentos agressivos de natureza repetitiva e baseado em um desequilíbrio de poder. Sua natureza repetitiva dá-se em virtude de uma mesma pessoa ser alvo de agressão por diversas vezes e não conseguir se defender de maneira eficaz para conseguir cessá-la (Olweus, 1993). Já o desequilíbrio de poder é assinalado pela diferença de idade, pelo tamanho, desenvolvimento físico ou emocional e pelo maior apoio dos colegas dos envolvidos durante o episódio (Fante, 2005; Olweus, 1993).

Entretanto, Smith (2002) atenta para o fato de que esses dois critérios não são completamente aceitos pelos pesquisadores do tema, embora sejam empregados amplamente. Assim, uma ou duas ocorrências de agressão e, por exemplo, apelidar alguém mais forte, mesmo em sua ausência, também poderiam ser aceitas como *bullying*. No entanto, segundo Olweus (1993), não se pode dizer que a briga ou discussão entre dois estudantes de mesma força (física ou psicológica) se trata de *bullying*. Lopes Neto (2005) afirma que esse tipo de violência é uma forma de afirmação de poder interpessoal por meio da agressão. Para o autor, ele é definido como:

35

Atitudes agressivas, intencionais e repetitivas, que ocorrem sem motivação evidente, adotadas por um ou mais estudantes contra outro(s), causando dor e angústia, sendo executadas dentro de uma relação desigual de poder. (p. 165)

Segundo Fante (2005), uma das mais conhecidas pesquisadoras do tema no Brasil, o *bullying* é, por definição, um desejo inconsciente e deliberado de maltratar uma outra pessoa e colocá-la sob tensão. Esse desejo, para a pesquisadora, resulta em um conjunto de comportamentos agressivos e cruéis, que se tornam intrínsecos às relações interpessoais, em que indivíduos mais fortes se divertem à custa de indivíduos mais fracos, por meio de brincadeiras que disfarçariam o propósito de maltratar e intimidar.

Os comportamentos incluídos nessa categoria de violência são divididos por Olweus (1993) e por Fante (2005) em *bullying* direto (ataques relativamente diretos às vítimas) e indireto (isolamento social e exclusão intencional). Smith (2002) divide-os em físicos, verbais, exclusão social e indiretos. Lopes Neto (2005) classifica três tipos: direto, indireto e *cyberbullying*. Para Martins (2005), a melhor classificação seria: diretos e físicos, diretos e verbais e indiretos. Porém, independentemente de como cada autor agrupa os comportamentos envolvidos no conceito, eles envolvem, além das ações negativas exemplificadas por Olweus (1993), agressões físicas, roubar ou estragar objetos, extorsão de dinheiro, forçar comportamentos sexuais, obrigar a realização de atividades servis, insultar, apelidar, debochar de características e do comportamento do outro, fazer comentários racistas ou que digam respeito a qualquer diferença no outro, exclusão sistemática de uma pessoa, realizar fofocas e boatos, ameaçar excluí-lo do grupo com o objetivo de obter algum favorecimento, ou, de forma geral, manipular a vida social do outro, além de ameaçá-lo de que o fará no futuro (Martins, 2005).

Capítulo I
Mas o que seria isso, o *Bullying*?

Cabem, ainda, à definição do *bullying* tipologias ligadas aos papéis que cada indivíduo realiza durante sua ocorrência. Essas tipologias, embora sejam basicamente as mesmas utilizadas pelos autores, guardam algumas diferenças, pois ora enfatizam os autores da agressão, ora aqueles para quem o *bullying* se volta, e ora aqueles que parecem ter um papel "coadjuvante" de expectadores. Smith (2002) cita duas tipologias: na primeira existem o intimidador, a vítima e os não participantes, sendo que as vítimas se dividem em passivas ou agressivas, e estas últimas em provocadoras ou intimidadores-vítimas; na segunda aparecem os intimidadores líderes (os que tomam a iniciativa da agressão), os intimidadores seguidores (aqueles que se juntam ao líder), os reforçadores (indivíduos que incentivam os intimidadores e riem das vítimas), os defensores, os circunstantes (que ficam à margem) e as próprias vítimas.

Para Lopes Neto (2005), sua tipologia busca evitar julgamentos ao não nomear as personagens como agressores ou vítimas. Os sujeitos envolvidos no *bullying* dividem-se apenas em autores de *bullying*, alvo de *bullying*, alvo/autores de *bullying* e testemunhas – sendo que estas últimas podem vir a se portar como auxiliares, se participam ativamente da agressão; incentivadoras, caso incitem e estimulem o autor; apenas observadoras, ou defensores, caso protejam o alvo ou busquem auxílio de outrem. Já Fante (2005), assim como Olweus (1993), nomeia-os vítima típica, vítima provocadora, vítima agressora, agressor e espectador. Reunindo-se todas essas tipologias, encontram-se dois tipos de agressores (ou autores) – os líderes e os seguidores; três tipos de vítimas (ou alvos) – passivas ou típicas, agressivas provocadoras e vítimas que também intimidam outros; e quatro tipos de testemunhas – os que reforçam a intimidação, os que participam ativamente dela (que poderiam entrar na categoria de intimidadores seguidores), aqueles que apenas observam e os que defendem o colega.

37

CONSEQUÊNCIAS DO *BULLYING*

Entre as preocupações dos pesquisadores estão as consequências comportamentais, emocionais e sociais, no curto e longo prazos, para os envolvidos nos episódios de *bullying*. Como exemplo tem-se: ansiedade e depressão, baixa autoestima, queixas físicas e psicossomáticas, suicídio e efeitos na vida adulta, no caso das vítimas (Smith, 2002), e dificuldades acadêmicas, sociais, emocionais e legais, instabilidade no trabalho e relacionamentos afetivos pouco duradouros, no caso dos agressores (Lopes Neto, 2005).

Vários estudos longitudinais foram realizados (Smith, 2002; Fante, 2005; Lopes Neto, 2005; Pereira, 2002) e indicam que ser vítima ou autor de *bullying* diminui a probabilidade de uma vida saudável para esses indivíduos quando adultos. Episódios de jovens que entram armados nas escolas e atiram contra os colegas, como os que são divulgados esporadicamente pela mídia, também são uma fonte de preocupações, pois parecem causar um grande mal-estar social.

Em pesquisa realizada na Coreia, os pesquisadores Kim, Koh e Leventhal (2005) verificaram que estudantes envolvidos em *bullying*, principalmente os que são tanto vítimas quanto agressores e os do gênero feminino, correm maiores riscos de terem ideias e comportamentos suicidas do que aqueles que não estão envolvidos nessas situações. De acordo com Wal, Wit e Hirasing (2003), depressão e ideias suicidas são consequências comuns às vítimas de ambos os gêneros, porém ocorrem mais frequentemente com o *bullying* indireto do que com o direto. Segundo os mesmos autores, os indivíduos envolvidos com a agressão reportam mais comportamentos delinquentes, especialmente quando o *bullying* é direto.

Lopes Neto (2005) apresenta uma lista de sintomas de pessoas vitimizadas pelos seus colegas na escola. O objetivo do autor é alertar os profissionais da saúde para possíveis diagnósticos de violência escolar no ambiente da clínica. Os sintomas citados por ele são: enurese noturna, alterações no sono, cefaleia, dor epigástrica, desmaios, vômitos, dores em extremidades, paralisias, hiperventilação, queixas visuais, síndrome do cólon irritável, anorexia, bulimia, isolamento, perda de memória, tentativas de suicídio, irritabilidade, agressividade, ansiedade, histeria, depressão, pânico, relatos de medo, resistência em ir à escola, demonstração de tristeza, insegurança por estar na escola, mau rendimento escolar e atos deliberados de autoagressão.

FATORES CAUSAIS ENCONTRADOS

Algumas pesquisas sobre *bullying* citam teorias sobre quais seriam as causas da agressividade repetitiva e aparentemente gratuita entre colegas. Apresentaram-se diversas determinações, que, de acordo com cada autor, recebem diferentes ênfases, embora não sejam problematizadas. Elas se estendem dos fatores referentes aos indivíduos (ou seja, ao inatismo da agressividade ou à aprendizagem de comportamentos agressivos) à sociedade desigual, aos programas de televisão, à família e à escola.

Lopes Neto (2005) afirma que entre os prováveis fatores causais estão os econômicos, sociais e culturais, aspectos inatos de temperamento e influência da família, de amigos, da escola e da comunidade. Para Fante (2005), as causas estão tanto nos agressores quanto na sociedade. Segundo a autora, elas incluem carência afetiva, ausência de limites, práticas educativas violentas, necessidade individual de reproduzir contra outros os maus-tratos sofridos em casa e na escola, e a ausência de modelos educativos humanistas que orientem o comportamento para uma convivência social pacífica e o crescimento moral e espiritual. Além disso, assim como Olweus (1993), atribui um papel importante à influência da violência mostrada na mídia e ao controle que a família deveria ter sobre o que suas crianças assistem na televisão.

A autora inclui, ainda, uma síndrome que denominou de "Síndrome dos maus-tratos repetitivos" (SMAR), caracterizada pela introjeção do modelo educativo predominante com a consequente reprodução ou repressão da agressividade sofrida.

Pereira (2002) acredita que uma das principais causas do *bullying* é a agressividade socialmente aprendida via modelagem dos comportamentos dos indivíduos, principalmente pela televisão e pela violência dentro da família, que poderia adotar diferentes modelos educativos, do autoritarismo ao permissivismo. Somando-se a isso, para a autora, um outro fator também importante é a diminuição da propagação dos valores morais realizada principalmente pela Igreja, pois na medida em que as crianças e os jovens se afastam da convivência religiosa, passando a ocupar seu tempo livre com outras atividades que não as comunitárias, os grupos de jovens e os encontros dominicais, deixam de adotar os valores humanos em suas relações interpessoais. A religião é, também para Pedra (2007), essencial, pois, segundo ele, o *bullying* ocorre porque falta Deus na vida das pessoas, falta uma autoridade a quem os indivíduos devem se submeter, obedecer. Assim, os pais seriam os culpados, já que atualmente não expõem mais seus filhos ao ensino religioso nem ao exemplo de submissão a uma entidade superior. A falta de religiosidade como um dos determinantes para a ocorrência do *bullying* também é enfatizada por Fante:

> Um outro aspecto que abordamos em nossos estudos é a falta de religiosidade de nossas famílias. Em nossos encontros com elas, sempre sugerimos que se reúnam, ao menos uma vez por semana, em torno de uma mesa (com todos os meios de comunicação desligados), num clima de amor e de paz, para discutir e refletir sobre os textos, parábolas ou histórias da bíblia, do

evangelho ou de algum livro que ensine o valor da fé... (Fante, 2005, p. 147)

A violência doméstica, entre os pais ou dos pais para com os filhos, física ou psicológica, também é considerada um dos fatores que aumentam a probabilidade de alguém vir a ser vítima ou agressor. Pinheiro (2006), em sua dissertação de mestrado, verificou que quem se caracteriza como alvo e autor de *bullying* frequentemente está exposto a uma relação de violência entre os pais; e já os caracterizados como vítimas e vítimas agressoras estariam mais expostos à agressão direta dos pais com relação a si mesmo, com diferença de ocorrência entre os gêneros. No entanto, sua pesquisa não relaciona o ser agressor com presenciar/sofrer violência doméstica nem problematiza a ocorrência de violência dentro da família, culpabilizando os pais por sua agressividade no lar e os consequentes comportamentos dos filhos na escola. A afirmação de Smith (2002) de que os intimidadores-vítimas possuem, muitas vezes, famílias violentas parece caminhar na mesma direção dos resultados da pesquisa realizada por Pinheiro (2006).

Para Knafo (2003), o autoritarismo dos pais reflete-se diretamente nas agressões que os filhos realizam com os colegas. Segundo sua pesquisa, feita com 334 pais israelenses e seus filhos, crianças de pais autoritários tendem a se associar mais facilmente a amigos autores de *bullying*, e dão mais valor ao poder e menor importância aos valores universais. Para o autor, isso ocorre porque os pais esperam que seus filhos se importem mais, justamente, com poder e tradição, e menos com o que chamou de benevolência e universalismo. Segundo ele, pais autoritários, embora possam não influenciar a totalidade dos valores dos filhos, passam valores que enfatizam a dominância social e a rejeição das minorias, o que resulta na associação dos filhos ao *bullying* e, ainda, em aceitá-lo como natural durante

41

toda a vida e em todas as relações interpessoais e nos ambientes para além da escola. No entanto, segundo Olweus, estudos na Espanha apontam para o fato de que os agressores vêm de famílias tanto violentas quanto permissivas, o que indicaria, para o autor, que o fator principal seria a falta de carinho e afeto em ambos os casos (1993; 2006).

Em Smith (2002), podem-se encontrar três tipos de variáveis envolvidas no bullying: as sociais e comunitárias, as escolares e as individuais. As primeiras referem-se aos níveis de tolerância para com os comportamentos agressivos e intimidadores na sociedade em geral e na comunidade local, inclusive a maneira como é mostrada pela mídia. As variáveis escolares dizem respeito à natureza do ambiente, aos valores éticos que prevalecem no local e à política escolar, bem como às sanções contra a prática do bullying. Já as variáveis individuais se referem a fatores de personalidade que definem o risco de o indivíduo vir a ser vítima ou agressor, apresentando este último um prazer especial em agredir outros. Dentre as características individuais consideradas causais, entre os intimidadores estão: possuir um temperamento facilmente irritável, ter tido uma educação cuja disciplina era inconstante e ter pais que eram intimidadores na escola, como se perpetuassem uma característica familiar. Já as causas para se tornar vítima são: ter poucos amigos de mesma condição social ou de condição social superior, não ser autoconfiante, ser portador de alguma deficiência ou apresentar necessidades educacionais especiais, não ser de etnia branca e não ser heterossexual.

Yoneyama e Naito (2003), em seus estudos realizados no Japão, atentam para o fato de que uma escola autoritária, com uma relação professor-aluno também autoritária, que exige um alto índice de aprovação e pressiona os alunos a competirem entre si, é um fator de estresse e um possível determinante para a ocorrência do bullying. Além disso, as relações estabelecidas pelos professores (chamando atenção, favorecendo alguns, ofendendo outros com palavras) seriam, segundo os autores, reproduzidas pelos próprios alunos. Já para Catini (2004), uma ética da competitividade e do invidualismo, assim como a exaltação do consumo, formam um caldo cultural que, assim como leva ao tráfico e à drogadição, no Brasil, propicia a existência do bullying. Pesquisas voltadas especificamente para o estudo daqueles que exercem o papel de agressor não foram encontradas. Os trabalhos sobre *bullying* adotam, na maioria dos casos, teorias psicológicas sobre a agressividade para explicar tais comportamentos, como, por exemplo, a modelagem de comportamentos violentos defendida por Pereira (2002), ou uma visão psicanalítica pragmática que outorga à agressividade o *status* de natural, mesmo reconhecendo o papel das variáveis sociais, como em Fante (2005). Essas variáveis sociais e culturais, embora citadas, não são problematizadas nos trabalhos, com exceção do de Catini (2004), que, apesar de não fazê-lo de modo aprofundado teoricamente, aponta para uma breve crítica à competitividade na cultura brasileira, mas, por outro lado, defende o estabelecimento de uma ética cooperativa e coletivista, de fundo religioso.

OS GRUPOS-ALVO

Assim como citado por Smith (2002), os indivíduos vítimas das ações agressivas e repetitivas dos colegas parecem ter características comuns que estão inclusas nas causas dessas ações. A ausência de amigos de mesma condição social ou de condição social superior, não ser autoconfiante, ser portador de alguma deficiência ou apresentar necessidades educacionais especiais, não ser de etnia branca e não ser heterossexual revelam que são iguais ao serem diferentes de um ideal de comportamento interpessoal, de aparência física, de desempenho intelectual e de relacionamento sexual, ou seja, de um ideal de "normalidade" exigido em dada cultura. Na mesma direção, Fante (2005) afirma que

> O *bullying* começa frequentemente pela recusa de aceitação de uma diferença, seja ela qual for, mas sempre notória e abrangente, envolvendo religião, raça, estatura física, peso, cor dos cabelos, deficiências visuais, auditivas e vocais; ou é uma diferença de ordem psicológica, social, sexual e física; ou está relacionada a aspectos como força, coragem e habilidades desportivas e intelectuais. (p. 62-63)

Além disso, Pereira (2002) cita pesquisas que afirmam que pessoas com necessidades educativas especiais pertencem também ao grupo-alvo; segundo a autora, elas seriam vítimas óbvias, embora não se justifique tal afirmação. Segundo Olweus (1993), os estudantes mais novos e mais fracos são os mais expostos ao *bullying*. No entanto, ele atenta para o fato de que a agressão ocorre mais por conta da necessidade de o agressor encontrar "desvios" no outro do que pela própria existência deles, uma vez que, *a priori*, qualquer pessoa pode possuir alguma característica externa divergente do padrão estabelecido. Nesse sentido, ele se coloca contra os estudos sobre os grupos-alvo e prioriza a descrição das características físicas e subjetivas das "vítimas" que as tornam incapazes de defesa e a agressividade presente nos considerados "agressores".

A despeito disso, as pesquisas apresentadas aqui mostram que a violência sem motivação evidente, voltada repetidas vezes para alguém em condições "inferiores", ocorre na maioria das vezes contra aqueles que, de alguma forma, são vistos como diferentes da "norma" e estão divididos em grupos específicos dentro da sociedade. Na literatura internacional, foram encontradas algumas pesquisas a respeito de alguns grupos de pessoas que são os alvos dessa violência. São eles: alunos obesos (Griffiths *et al.*, 2005; Sjöberg, Nilsson; Leppert, 2005) e acima do peso (Janssen *et al.*, 2004), os de baixa estatura (Stein, Frasier; Stabler, 2004), estrangeiros, nômades, artistas de circo e ciganos (Lloyd; Stead, 1998; 2001) e os homossexuais e filhos de homossexuais (Clarke, Kitzinger; Potter, 2004; Ray; Gregory, 2001; Holmes; Cahill, 2003).

Para Sjöberg, Nilsson e Leppert (2005), adolescentes obesos estão em risco cada vez maior de serem ridicularizados por seus colegas. Estudos realizados na Suécia e no Canadá mostraram que, ao serem comparados com crianças e adolescentes de massa corporal normal, os alunos obesos e de peso acima da média têm mais chances de serem vítimas de seus colegas, especialmente quando se trata de meninas. Griffiths e colaboradores (2005) apontam para a marginalização social das crianças obesas, uma vez que seus colegas reportam mais atitudes negativas em relação a elas e, ao mesmo tempo, adolescentes acima do peso são mais frequentemente vitimizados que seus colegas de peso normal. Segundo os autores, para os garotos a obesidade pode ter efeitos mistos nas relações com os colegas, uma vez que pode levá-los à dominância física pela força e resultar em popularidade. No entanto, a maioria torna-se vítima, principalmente de xingamentos e gozações. Já as garotas são mais suscetíveis a serem vítimas, inclusive de violência física, pois, segundo os autores, não haveria para elas vantagens sociais de serem fisicamente mais fortes e, além disso, teriam menos encontros e envolvimentos em relacionamentos amorosos. Janssen e colaboradores (2004) afirmam que o impacto social aumenta quanto mais o indivíduo se desvia do normal. Sua pesquisa, realizada no Canadá, mostra que as crianças caracterizam seus colegas de classe acima do peso e os obesos como indivíduos que gozam, tiram sarro, brigam, que são egoístas e inferiores, todos estereótipos que revelam crenças negativas a respeito da obesidade.

Esses estereótipos se refletem nos resultados de estudos que mostram que a prevalência de vítimas aumenta com o crescimento da massa corporal. Para esses autores, a vitimização de crianças, pré-adolescentes e adolescentes obesos ocorre porque eles desviam de ideais de aparência. Embora menos reportado na literatura do que a obesidade, a altura também é um motivo que leva um indivíduo a ser vítima de humilhação pelos colegas. Stein, Frasier e Stabler (2004) reportam um caso em que os pais de um rapaz, frequentemente vítima em virtude de sua baixa estatura, procuraram na medicina maneiras de fazê-lo crescer para livrá-lo dessa condição. No entanto, a medicina não pôde ajudá-lo pois havia riscos em se manipular hormônios em alguém biologicamente normal, já que sua altura era resultado de um fator biológico hereditário.

Além das características físicas de um indivíduo, sua condição de vida e o grupo social ao qual pertence também são fatores que o colocam como alvo. Esse é o caso de dois grupos bastante encontrados no Reino Unido, os ciganos e os circenses, que, com seus valores e cultura típicos e diferentes da comunidade britânica em geral, são vítimas nos estudos sobre *bullying* realizados por pesquisadores europeus. Lloyd e Stead (2001) realizaram pesquisas sobre apelidação e intimidação de ciganos e artistas de circo em escolas da Escócia, lugar em que existe um contexto histórico e cultural do preconceito contra grupos nômades, sejam eles ciganos ou outros com características ocupacionais, como é o caso dos artistas de circo e alguns estrangeiros. Para os autores, permeando as relações cotidianas na escola, o *bullying* é legitimado por um *éthos* baseado nas hierarquias de dominância, exclusão e maus-tratos, e a apelidação racista aparece como seu aspecto mais forte. Sem implicações biológicas, para esses autores, o conceito de etnia diz respeito apenas à cultura; dessa forma, entendem ciganos e circenses, sociologicamente, como duas minorias étnicas que têm identidade grupal e valores próprios, mesmo quando fixam residência. Os resultados de seus estudos indicam que crianças desses grupos tradicionalmente nômades são constantemente excluídas no ambiente escolar do país devido à visão parcial, estereotipada e preconceituosa que há sobre elas. De forma geral, além de excluídas, são chamadas de sujas e malcheirosas e experimentam apelidos etnocêntricos. Nesse caso, o preconceito é considerado uma causa do *bullying*.

A orientação sexual também é um fator que torna as pessoas vítimas dessa intimidação por parte de seus colegas. Poteat e Espelage (2005) afirmam que, apesar da similaridade entre homofobia (que os autores definem como crenças, atitudes, estereótipos e comportamentos negativos com relação a lésbicas e gays) e o conceito de *bullying*, as duas áreas são raramente examinadas em pesquisas.

Para Clarke, Kitzinger e Potter (2004) e Ray e Gregory (2001), o *bullying* homofóbico é um sério problema para jovens homossexuais, uma vez que mais da metade deles experimenta alguma forma de abuso verbal ou físico por parte de seus colegas na escola. Entretanto, não é necessário ser homossexual para ser vítima de agressões homofóbicas. Poteat e Espelage (2005), ao notarem que a maioria dos apelidos nos Estados Unidos é de natureza homofóbica, atentaram para o fato de que são voltados não apenas para homossexuais, mas também para heterossexuais. Segundo eles, isso ocorre não por conta da orientação sexual da vítima, mas, sim, por ser percebida como detentora de características diferentes das regras e expectativas tradicionais, ou ideologias, sobre feminino e masculino, e ocorre como uma forma de policiamento do comportamento entre os jovens.

Ainda ligado à sexualidade, na Europa, filhos de homossexuais experimentam, além de rejeição e violência física, a denominação de gays e lésbicas (*gaybo* e *lesos*), segundo Ray e Gregory (2001). Chamá-los assim seria um modo de lhes atribuir a sexualidade dos pais de maneira pejorativa. Segundo Clarke,

Kitzinger e Potter (2004), o *bullying* seria um resultado do "estilo de vida escolhido pelos pais" e, em certa medida, de acordo com a crença dos agressores, de responsabilidade dos próprios pais. Além disso, voltado contra os filhos de homossexuais, o *bullying* aparece como uma resposta, dos indivíduos agressores, aos direitos desses pais em adotar filhos e constituírem família, nos países em que isso lhes é garantido como um direito civil.

CAPÍTULO II

BULLYING: RAZÃO INSTRUMENTAL

No capítulo anterior, foi apresentado o conceito de *bullying*. No entanto, antes de aceitar a definição e a classificação apresentadas, é necessário que se reflita sobre elas. A reflexão pretendida aponta na direção do questionamento sobre em que medida o conceito de *bullying* possibilitaria de fato a compreensão do cerne da violência e, como um produto do esclarecimento da maneira que evidenciaram Adorno e Horkheimer (1985), não se tornaria um mito, fruto do que eles chamaram de razão instrumental. Os estudos com base apenas em dados estatísticos e no diagnóstico de sua ocorrência, assim como sua fácil assimilação e ampla divulgação pelos meios de comunicação de massa, o desolamento causado por suas consequências e a inquestionável necessidade de intervenção via imperativos morais denunciam, ainda que apenas pelas lacunas, que esse conceito pode fazer parte de uma ciência instrumentalizada e a serviço da manutenção de uma ordem social desigual. Talvez aqui esteja a razão de existência de suas lacunas: tal conceito se revela também uma ideologia, uma vez que, além de sua fundamentação parecer a-histórica, ele aparece "independentizado" com relação às diversas teorias.

Mostra-se importante que se questione a finalidade do conceito criado pelos pesquisadores da área e adotado inteiramente por alguns colegas brasileiros. Deve-se pensar até que ponto a classificação provinda da adoção dessa tipologia da violência não mascara os processos sociais inerentes aos comportamentos classificados como *bullying* ou, mesmo admitindo a existência desses processos, os trata como naturais. Este é um passo fundamental que uma ciência deve dar se o seu objetivo é de fato contribuir para o desenvolvimento da humanidade, e não para a adaptação dos indivíduos a uma ordem social desigual como a existente. Indo além, é necessário que se conheça sobre quais fundamentos epistemológicos tal conceito está edificado.

Mesmo que se compreendam sociedade e indivíduo como vítimas e responsáveis pelo que ocorre nas escolas, é preciso ter em mente que ao mesmo tempo que os indivíduos constituem a sociedade e a cultura, eles são por ela constituídos em seu processo de desenvolvimento e socialização. No entanto, isso não se refere apenas ao modo de interpretar ou não os fatos sociais, mas também significa que uma atenção especial deve ser dada às próprias concepções desse olhar sobre a realidade empírica, olhar este construído por meio de processos sociais de trabalho.

Assim, o surgimento do próprio conceito de *bullying* parece ter sido propiciado pela direção tomada pela filosofia e pela ciência no processo de desenvolvimento histórico e industrial da sociedade. Esse desenvolvimento, sedimentado nos indivíduos, determina, inclusive, seu modo de olhar para a realidade, um olhar resultante do modo de produção capitalista marcado pela instrumentalização do pensamento e pelo privilégio dos meios em relação aos fins, como explicitado pelos autores da Escola de Frankfurt, especialmente Horkheimer (2002) e Adorno e Horkheimer (1985). Assim, compreender o conceito de *bullying* como inerente ao processo do qual se mostra fruto, ao mesmo tempo que é um desafio, pois implica repensar valores e questionar certezas, requer que se admitam as consequências de sua utilização para além das estatísticas, mesmo que "a olhos nus" seus objetivos pareçam nobres.

Aqui se busca apresentar as bases teóricas para pensar o conceito de *bullying*, este conceito tão utilizado no mundo e em processo de integração pelos pesquisadores brasileiros, à luz da crítica à razão instrumental, ou seja, o *bullying* como área de estudo de uma ciência que, servindo ao capital, parece ter se esquecido de que não é apenas humana, mas, antes de tudo, dos e para os seres humanos. Assim, não basta mais, além de quantificar a ocorrência de comportamentos, se reconhecer e apontar fatores sociais, culturais, ideológicos e individuais contidos na realidade; é preciso que sejam pensados, problematizados, questionados e não tratados como naturais e imutáveis, como variáveis congeladas e distantes de uma ciência que se pretende neutra.

Para realizar a referida análise, este capítulo está dividido em quatro partes. A primeira tem por título "A razão instrumental" e apresenta a crítica a esse tipo de razão, baseando-se, principalmente, nas ideias de Adorno e Horkheimer, passando por uma breve história do conhecimento e pela substituição do primado do objeto pelo primado do sujeito. A segunda, sob o título "Da crítica à razão instrumental ao primado dialético do objeto", enfatiza a compreensão das proposições de Adorno sobre um modo de conceber a realidade, seja na cultura ou na ciência, que fuja ao dogmatismo no âmbito da razão, e que, conseguindo chegar a uma real objetividade por meio da relação dialética entre sujeito e objeto (ao mesmo tempo idênticos e não idênticos), visa, então, à transformação das condições sociais vigentes. A terceira parte tem por objetivo realizar a análise propriamente dita do conceito de *bullying*, e a quarta, por fim, indaga sobre uma possível proximidade entre os fatos que se descrevem como *bullying* e o preconceito estudado pelos teóricos da Escola de Frankfurt.

A RAZÃO INSTRUMENTAL

A palavra mito, no questionamento do conceito de *bullying* que se faz aqui, é utilizada no sentido específico proposto por

Adorno e Horkheimer (1985), quando se referem ao esclarecimento na forma do conhecimento positivista a partir do século XVII[1]. Tal conhecimento, que também se dá como uma forma de produzir o mito, continha em seu cerne o sentido do progresso, ou seja, objetivava livrar os homens do medo e colocá-los na posição de senhores diante dos mitos. No entanto, segundo esses autores, no decorrer do processo histórico, esse conhecimento positivista acabou por tornar a si mesmo totalitário, ao manter alguns dos elementos presentes no mito: classificação, ordenação e previsão. Isso se deu na medida em que buscou a dominação da natureza, o procedimento eficaz, o enaltecimento da disciplina, a transformação da natureza em objetividade, o poder e o controle *per se*. Enfatizando a técnica, o não humano, os homens pagaram o preço de se alienarem daquilo sobre o que objetivavam exercer seu poder. Desse modo, a ciência acabou por controlá-los, pois se perderam os objetivos, considerados desnecessários de questionamento, uma vez que a ciência passou a ter a pretensão de neutralidade.

A separação radical entre meios e fins ocorreu durante o movimento da história da filosofia e das ciências. Inicialmente, a doutrina da sociedade relacionava-se a um ideal inspirado nos princípios absolutos do ser, mas se modificou com o intuito de buscar uma sociologia com propósitos de se libertar, assim como as ciências naturais, das teologias e metafísicas, e de se deter na verificação de vínculos causais regulares (Adorno; Horkheimer,

---

[1] O século XVII foi marcado pela passagem da metafísica para a ciência moderna, já iniciada por Bacon (1561-1626) e Descartes (1596-1650) (Chauí, 1995). No entanto, foi apenas no século XVIII que surgiu o Iluminismo, ou Ilustração, como sugere Rouanet (1987), com pensadores como Rousseau (1712-1778) e Kant (1724-1804), por exemplo. Optou-se aqui pela referência ao século XVII, por conter o início desse movimento, pelas transformações nos modos de conhecer. O século seguinte caracterizou-se pelo otimismo com relação ao poder da razão e dos progressos da ciência e do conhecimento sobre a natureza, para levar à emancipação dos homens e solucionar os problemas sociais.

1973). Essa modificação gerou uma ruptura radical que separou a razão em objetiva e subjetiva, de acordo com a denominação de Horkheimer (2002). A primeira concerne à razão que se preocupa com a sua finalidade, e o adjetivo "objetiva" refere-se exatamente aos fins, à teleologia da razão. A segunda diz respeito à razão técnica, instrumental, como denominada por Adorno e Horkheimer (1985), e seu adjetivo "subjetiva" refere-se à entrega da razão ao irracional contido na própria técnica.

Entretanto, esses conceitos de razão não são necessariamente opostos tampouco excludentes, especialmente porque, de acordo com Horkheimer (2002), é possível perceber que, historicamente, houve momentos em que ambos estavam presentes. No entanto, a razão técnica tornou-se predominante no decorrer de um processo histórico em que o homem tentou deixar de lado a mitologia e as superstições e pretendeu adotar unicamente uma objetividade verdadeira e absoluta para conhecer e controlar a natureza. Assim, a reflexão sobre a teleologia da razão, antes predominante, passou a não ser mais realizada nesse processo, seja pela incapacidade de concebê-la, seja por negar sua existência ao considerá-la uma ilusão. Nesse processo, todos os conceitos básicos se tornaram invólucros formais vazios de conteúdo, o que resultou na formalização da própria razão (Horkheimer, 2002).

Segundo Horkheimer (2002), a teoria objetiva da razão inclui os grandes sistemas filosóficos, como os de Platão, Aristóteles, o escolasticismo e o idealismo alemão. Ela considera que a razão é um princípio inerente da realidade e, por isso, exige um modo de comportar-se específico, prática ou teoricamente. Sua finalidade era o desenvolvimento de um sistema ou uma hierarquia que abrangesse todos os seres, o que inclui o homem e seus propósitos. O quanto uma vida humana era racional ou não dependia de sua harmonia com o todo. Assim, a avaliação de sua finalidade era dada pela sua estrutura objetiva, que abarcava toda a realidade, e não apenas pelo próprio homem e seus fins. No caso dos sistemas citados, a razão objetiva não excluía as técnicas e os meios de conhecer a realidade; no entanto, considerava-os uma expressão parcial, e por isso mesmo limitada, dessa racionalidade universal que buscava os critérios de medida de todos os seres e de todas as coisas. Para Horkheimer, "... o supremo esforço dessa espécie de pensamento foi conciliar a ordem objetiva do 'racional', tal como a filosofia o concebia, com a existência humana, incluindo o interesse por si mesmo e a autopreservação" (2002, p. 14). Desse modo, enfoca a ideia do bem supremo, o problema do destino da humanidade e o modo de realização de tais questões, e entende a ciência como o empreendimento responsável por tal reflexão.

Já a razão subjetiva considera que a razão é uma qualidade específica da mente humana e individual, retirando, dessa maneira, o foco de uma realidade universal, e tornando-a relativa. Assim, a racionalidade passa a ser considerada uma faculdade do ser de decidir o que é útil ou não para ele mesmo, considerando lucros e vantagens individuais. Ela se baseia nas capacidades de classificação, inferência e dedução, de adequar os procedimentos com propósitos considerados certos e autoexplicativos, e por isso se recusa à indagação sobre sua própria racionalidade. Baseando-se nisso, o trabalho científico entende a razão objetiva como um caos de dados impossíveis de serem quantificados e coordenados, e considera que sua função é exatamente a redução à mera organização, classificação e computação do mundo material imediatamente dado (Horkheimer, 2002).

No entanto, é importante apontar aqui a parcialidade dessa divisão entre razão objetiva e subjetiva tomada de um modo, talvez, muito linear. Embora ela destaque um aspecto importante da relação entre meios e fins, pode mentir no que concerne à realidade histórica. Esse caráter histórico da razão é, por sua vez, enfatizado por Marcuse (1993). De acordo com o autor, a despeito das mudanças ocorridas, que, não obstante, não foram poucas, os momentos históricos guardam um elo representado pela dominação do homem pelo homem, por meio do compartilhamento de conceitos básicos sobre o homem e a natureza. Trata-se de uma continuidade histórica da tradição ocidental: a dominação já existia, mas sua base foi alterada, e ela aparece como algo não superado.

Como considerado há pouco, e enfatizado por Horkheimer (2002), razão objetiva e razão subjetiva estiveram presentes inicialmente. Desse modo, Marcuse (1993) aponta, por exemplo, a dicotomia já existente na filosofia clássica grega entre os pensamentos de Platão e Aristóteles, entre a lógica dialética do primeiro e a lógica formal do segundo; ou mesmo, em determinadas concepções gregas, entre escravos e cidadãos livres quanto a sua essência e, consequentemente, a seus direitos e deveres dentro da *polis* como algo "natural" – aspecto que, ao ir contra os interesses propriamente humanos dos oprimidos, contradiz justamente o caráter universal da verdade que buscava e contribui para a manutenção de certa ordem das coisas. No entanto, a questão que se pretende enfatizar aqui é que esse pensamento preservava a tensão entre um mundo existente e um mundo desejável, ainda que fosse apenas para uma pequena parcela das pessoas consideradas "cidadãs", algo, sem dúvida, passível de crítica. Porém, havia ainda uma abertura, ao apontar as esferas do "ser" e do "dever ser", para possibilidades, questionamentos, reflexões, contradições e para o próprio pensamento, o que faz justiça aos múltiplos aspectos, implicações e efeitos da existência. A razão é caracterizada como faculdade cognoscitiva para compreender o que é verdadeiro e o que é falso. Ética e epistemologia são esferas inseparáveis. É essa união, entre juízo de valor e conhecimento, que o pensamento científico rompe ao deixar de lado a reflexão sobre a realidade existente e um mundo desejável, para tentar dar conta de algo de que a filosofia não deu, a

55

saber: a organização da sociedade e a transformação da natureza. Isso ocorre por meio da quantificação da natureza, da explicação em termos de estruturas matemáticas, da separação da realidade de todos os seus fins inerentes e entre verdadeiro e bom (Marcuse, 1993).

A razão científica assim formalizada transforma o conhecimento, classificatório e calculador de probabilidades, em única autoridade, e acaba por atestar a inutilidade do pensamento, do questionamento e mesmo da verificação e reflexão sobre os próprios conceitos que empregam em sua defesa: justiça e liberdade, antes eles mesmos questionados e pensados. É com essa ausência da reflexão, inclusive sobre si mesmo, que o Iluminismo passou, à medida que avançou, também a se prestar à manipulação ideológica no processo de dissolução da razão objetiva, do dogmatismo e das superstições. A busca de uma verdade absoluta, realizada pela razão objetiva, tornou-se vazia, pois foi substituída pelo cálculo e pela tentativa de transformar a física experimental no protótipo das ciências humanas (Horkheimer, 2002).

Justiça seja feita: não se pode negar que, inicialmente, o Iluminismo ou mesmo o positivismo eram, de fato, sistemas de pensamento subversivos que pretendiam a realização do avanço social. Em sua origem, tentaram evitar a desintegração da sociedade e guiá-la para uma nova forma de organização (Adorno; Horkheimer, 1973). A filosofia, que se pautava no objeto em si para conhecer a realidade, acabou por servir como base para ideologias que mantinham uma ordem social desigual. Um exemplo é a teologia tomista, de fundo aristotélico, utilizada pela Igreja (Corbisier, 1967; Lukács, 1974), que cristianizava a filosofia de Aristóteles, ou tentava transformar a religião em filosofia, para comprovar a existência de Deus e garantir a hegemonia da Igreja. E isso se dava mesmo quando o próprio objeto da ciência dava mostras, por meio de novas tecnologias como o telescópio, de que seu método não mais se sustentava. A denúncia de Brecht, em sua peça de teatro "Vida de Galileu", tem aqui seu valor:

> A fé da autoridade de Aristóteles é uma coisa, e os fatos, que são tangíveis, são outra. Os senhores dizem que segundo Aristóteles há esferas de cristal lá no alto; que, portanto, há movimentos que não são possíveis, porque as estrelas seriam obrigadas a quebrar as esferas. Mas e se os senhores pudessem constatar esses movimentos? Isto não indicaria aos senhores que essas esferas de cristal não existem? Meus senhores, eu lhes peço com toda a humildade que acreditem nos seus olhos. (1977, p. 84)

Dessa maneira, a nova ciência necessariamente combatia o autoritarismo político e religioso que reinava na época, que utilizava a filosofia aristotélica e o dedutivismo para conservar a desigualdade, a miséria da maioria e, consequentemente, seu poder. No entanto, com essa ordem subvertida – ou melhor, não com a instalação da igualdade, mas no decorrer da substituição dos déspotas pelos governos que se diziam democráticos e, nas ciências, com os novos procedimentos metodológicos –, essa nova ciência abandonou seu potencial crítico e se considerou o último estágio do desenvolvimento do pensamento. Considerando-se como o único verdadeiro e ao qual deveria tender todas as sociedades humanas, converteu-se rapidamente em um fim em si mesmo. É nas palavras de Comte (2005), conhecido como o criador da sociologia, ciência tardia derivada do positivismo, em que se encontra exatamente essa afirmação sobre a evolução do pensamento, de acordo com os estágios do desenvolvimento da humanidade. Para ele, o pensamento humano teria partido do estágio teológico, quando recorria às ideias de deuses e espíritos para explicar os fenômenos naturais; passado para um estágio metafísico, caracterizado por fundamentar o conhecimento em abstrações – essências, causas finais ou concepções idealizadas da natureza, por exemplo –; e alcançado a plenitude intelectual ao chegar ao estágio positivo, no qual a razão opera unicamente por meio da experiência concreta.

A palavra "positivo" enfatiza, em sua obra, o caráter desejado à sua sociologia, a saber: o de ciência em um sentido específico, emancipando o conhecimento dos credos religiosos, da especulação metafísica e dos desejos, e que se relaciona positiva e linearmente com o existente (Adorno; Horkheimer, 1973).

Aqui está a influência do racionalismo matemático e científico exato sobre a origem da ciência e do pensamento moderno (Lukács, 1974), trazido por Comte para a área das chamadas ciências humanas. Trata-se do que Kant (1994), no prefácio à segunda edição da obra *Crítica da razão pura*, chamou de "revolução copernicana" operada no problema do conhecimento.

A revolução copernicana (ou giro copernicano) trata da substituição do primado do objeto pelo primado do sujeito, ou seja, em vez de partir do objeto em si, como de natureza independente dos homens, a ciência passa a se guiar pela experiência do sujeito sobre o objeto, sujeito este considerado em sua forma pura. Nas palavras de Kant:

> Se a intuição tivesse de se guiar pela natureza dos objectos, não vejo como deles se poderia conhecer algo a *priori;* se, pelo contrário, o objecto (enquanto objecto dos sentidos) se guiar pela natureza da nossa faculdade de intuição, posso perfeitamente representar essa possibilidade [...] os objectos, ou o que é o mesmo, a experiência pela qual nos são conhecidos (como objectos dados) regula-se por esses conceitos. (1994, p. 20)

No entanto, se, por um lado, essa nova forma de conhecer o mundo levou a humanidade a ultrapassar a aceitação e a contemplação da realidade dada, por outro, a própria realidade aparece como algo não superado. Segundo Lukács (1974), o que ocorreu foi uma mudança nos procedimentos metodológicos para conhecer a realidade, e não no método científico:

> [...] o conceito formal do objecto do conhecimento destilado na sua forma pura, a coesão matemática, a necessidade das leis da natureza como ideal de conhecimento, transformam cada vez mais o conhecimento numa contemplação metodologicamente consciente dos puros conjuntos formais, das "leis" que funcionam na realidade objectiva, sem intervenção do sujeito. Por conseguinte, a tentativa para eliminar o elemento irracional inerente ao conteúdo já não se dirige apenas para o objecto: dirige-se também, e em crescente medida, para o sujeito. A elucidação crítica da contemplação tende cada vez mais energicamente a suprimir por completo da sua própria atitude todos os momentos subjectivos e racionais, todo elemento antropomórfico, a separar cada vez mais energicamente do "homem" o sujeito do conhecimento e a transformá-lo num sujeito puro, puramente formal. (p. 144-45 – grifos do autor)

Tal revolução caracteriza a passagem da metafísica para a ciência moderna. Se na primeira havia a aceitação dogmática da realidade dada e estranha aos sujeitos, na segunda, por oposição, não se deixou apenas de considerar sujeito e objeto "estranhos" um ao outro, mas eles passaram a ser vistos como idênticos pelo nível de objetividade e neutralidade exigido, seja como herança de um "sujeito transcendental" (Adorno, 1995d), no sentido kantiano, seja pela própria "identidade hegeliana de sujeito e objeto" (Adorno, 1994d, p. 90). Assim, "a verdadeira natureza do esquematismo, que consiste em harmonizar exteriormente o universal e o particular, o conceito e a instância singular, acaba por se revelar à ciência atual como o interesse de sociedade industrial" (Adorno; Horkheimer, 1985, p. 83).

Esse método não se restringiu às ciências naturais, mas se tornou o guia da própria filosofia e do "conhecimento do mundo como totalidade" (Lukács, 1974, p. 127). Tornou-se, também, racionalidade burguesa, que pretendeu utilizar-se dele como universal, inclusive para o conhecimento do indivíduo e da sociedade. Segundo Adorno e Horkheimer (1973, p. 13):

> Com o progresso e o aperfeiçoamento das ciências naturais, nas quais o ideal de leis determináveis com rigorosa exatidão assume novas formas, inclusive para a teoria da sociedade, apresentou-se logo, paralelamente, a exigência de um modelo teórico de sociedade que estivesse dotado de idênticas características de exatidão. Quanto mais a moderna sociedade dinâmica se aproxima do domínio da natureza, menos tolera o atraso dos conhecimentos sobre si mesmo, em comparação com o que se conhece a respeito da natureza.

Assim, a missão dessa sociologia, como ciência da sociedade especializada e positiva, desde Comte, é proceder ao reconhecimento das leis da "natureza social", que são consideradas imutáveis. A exatidão rigorosa da comprovação passou a ser importante, mediante a neutralidade axiológica do sujeito, e não necessariamente uma sociedade justa. Ao considerar a sociedade como objeto de mera observação, ao postular o distanciamento intelectual e a indesejável intromissão no movimento político e ao pressupor que o movimento social se sujeita, necessariamente, a leis invariáveis, ela, a ciência humana e social, passou a se bastar com a observação pura, o experimento e o método comparativo. Ou seja, aqui, a consciência de uma totalidade dinâmica da sociedade foi substituída pela indução, pelo método científico moderno, que subdivide seu objeto, no caso a sociedade, em setores – como, por exemplo, família, escola, profissão, religião –, e estes em mínimas variáveis, e não vai além da enumeração e da classificação. Fica claro que existe, novamente, um traço marcante de resignação. Tendo sido dividida em setores e em disciplinas formais, e em meio a essa dissociação dos elementos inseparáveis na prática, os problemas essenciais da humanidade perderam-se em um espaço vazio (Adorno; Horkheimer, 1973).

É a partir da análise da dissolução da ciência em técnica, da ideia de que este é o único modo de conhecimento possível, da consequente dissociação entre meios e fins e de sua utilização como procedimentos que visam a descrever e quantificar a sociedade aparente sem atuar sobre ela, que se pode compreender como a própria ciência se torna dogmática e se dissolve em mito. No entanto, isso não significa que mito e esclarecimento sejam semelhantes em sua totalidade. Adorno e Horkheimer (1985) reconhecem que são dois conceitos distintos, que marcam duas fases de um processo histórico. Porém, embora distintos, possuem continuidade e ruptura. A semelhança referida aqui, como explicitado, dá-se com relação à classificação, à ordenação e à previsão, uma instrumentalidade já presente no mito, e que se perpetua no esclarecimento. Por outro lado, no mito, a troca que ocorre no sacrifício com a finalidade de obter favores dos deuses é específica (embora já seja um sinal de um esquema de troca racional e de tentativa de controle da natureza). Isso porque o animal sacrificado seria portador da substância divina e não poderia ser substituído por outro, mas apenas por um que, representando o gênero, exibisse uma indiferença no exemplar, ou seja, tivesse em si mesmo um significado. Diferentemente, o fundamento material da razão instrumental contida no esclarecimento é a própria equivalência universal; nela não há substitutividade específica. Isto é, tudo pode ser trocado por tudo, o heterogêneo transforma-se em algo comparável e é reduzido a grandezas abstratas. Uma generalização do valor de troca traduz o qualitativo, outrora presente ainda no mito, em matemática. Nesse

61

sentido, esse aspecto é, inclusive, uma regressão com relação ao próprio mito, que ainda continha distinções (Adorno; Horkheimer, 1985).

Essa ciência, constituída em meio ao que foi considerado um movimento de esclarecimento, se tornou mais um modo, dentre diversos, de conservar o estado atual da sociedade. Entretanto, não se trata de um modo qualquer, pois ela é uma nova e eficiente autoridade, tão totalitária quanto os mitos e as superstições. A ciência, assim caracterizada, considera que seu papel não é contribuir para uma mudança social que levaria à emancipação. Ao contrário, sugere que a emancipação está na trajetória da humanidade, que é *a priori* um fim que não necessita de questionamento, e que a ciência nada pode nem deve fazer para modificá-la. Contraditoriamente, ela recai no pensamento de resignação ao qual se opôs com relação à metafísica e ao idealismo (Adorno; Horkheimer, 1985).

O conhecimento, mais uma vez, presta-se, dessa maneira, ao papel de ideologia. Isso porque a verdade universal deixou de ser considerada uma base segura de conhecimento, e em seu lugar se colocou o culto ao procedimento eficaz: "a razão pura tornou-se irrazão, o procedimento sem erro e sem conteúdo" (Adorno; Horkheimer, 1985, p. 89). A identidade entre sujeito e objeto, que inicialmente em Kant tinha uma intenção filosófica, no plano científico levou à formulação de conceitos destituídos de sentido, simples instruções, segundo as regras do sistema.

Desse modo, os conceitos passaram a ser nada mais do que fórmulas, as causas foram substituídas por regras e probabilidades, e o esclarecimento passou a suspeitar de tudo aquilo que não se submetesse, ou que não pudesse ser submetido, ao critério de calculabilidade (Adorno; Horkheimer, 1985). Para essa ciência, as coisas só existem de fato se puderem ser capturadas pela unidade, pelo sistema que idealiza ser capaz deduzir toda e cada coisa. No entanto, essa é, radicalmente, a fórmula do próprio mito, ao qual Adorno e Horkheimer (1985) chamaram de princípio da imanência:

> O princípio da imanência, a explicação de todo conhecimento como repetição, que o esclarecimento define contra a imaginação mítica, é o princípio do próprio mito. A insossa sabedoria para a qual não há nada de novo sobre o sol, porque todas as cartas do jogo sem-sentido já teriam sido jogadas, porque todos os grandes pensamentos já teriam sido pensados, porque as descobertas possíveis poderiam ser projetadas de antemão, e os homens estariam forçados a assegurar a autoconservação pela adaptação – essa insossa sabedoria reproduz tão somente a sabedoria fantástica que ela rejeita: a ratificação do destino que, pela retribuição, reproduz sem cessar o que já era. (p. 26)

A magia, que ligava palavra, objeto e significado, foi substituída pelo conceito reduzido à fórmula. Os conceitos tornaram-se a identificação da verdade com o próprio pensamento ordenador, a palavra ordenadora. Mais uma vez na história da espécie humana as palavras aparecem como pretensamente detentoras de uma similitude com o real, como sugerem os hieróglifos, mas, nesse momento, ao mesmo tempo, carregam a ideia do afastamento obrigatório à objetividade, neutralidade e imparcialidade científicas modernas. Resigna, assim, a linguagem, enquanto signo, ao cálculo, ao nominalismo próprio do pensamento burguês e transforma-a mais uma vez em fetiche (Adorno; Horkheimer, 1985). As definições produzidas pela razão instrumental, segundo Horkheimer (1990) – ao dissertar sobre o conceito de autoridade –, tornam-se vazias ao extremo ao tentarem abranger toda a história, fixando elementos isolados da vida social. Os conceitos tornaram-se palavras sem significado e passaram a ser apenas signos destituídos de qualquer qualidade, visando a uma pretensa pureza e transparência com relação ao que devem designar. Para Adorno e Horkheimer (1985), no que diz respeito aos significados das palavras, mesmo quando na utilização cotidiana na sociedade administrada

> A desmitologização da linguagem, enquanto elemento do processo total de esclarecimento, é uma recaída na magia. Distintos e inseparáveis, a palavra e o conteúdo estavam associados um ao outro [...] Sua forma constituía-os e, ao mesmo tempo, refletia-os. A decisão de separar o texto literal como contingente e a correlação com o objeto como arbitrária acaba com a mistura supersticiosa da palavra e da coisa. O que, numa sucessão determinada de letras, vai além da correlação com o evento é proscrito como obscuro e como verbalismo metafísico. Mas deste modo a palavra, que não deve significar mais nada e agora só pode designar, fica tão fixada na coisa que ela se torna uma fórmula petrificada. Isso afeta tanto a linguagem quanto o objeto. Ao invés de trazer o objeto à experiência, a palavra purificada serve para exibi-lo como instância de um aspecto abstrato, e tudo o mais, desligado da expressão (que não existe mais) pela busca compulsiva de uma impiedosa clareza, se atrofia também na realidade. (p. 153-54)

Os conceitos científicos assim transformados se entregam à lógica da repetição, da conservação e da permanência da coerção social por meio dos conceitos que se pretendem universais. Tais conceitos, resultados da razão instrumental, correspondem à lógica da dominação, ao esclarecimento nominalista. Identificados por nomes, eles são pontuais e sem extensão, e por isso mesmo reificam o pensamento que se torna automatizado, matematizado e um mero instrumento. O pensamento matematizado traz implícita, por sua vez, a ratificação do mundo, o que resulta na consideração de que o próprio mundo, ou pelo menos aquilo que é considerado mundo de acordo com os conceitos, é a medida de si mesmo. Com a submissão da razão àquilo que é considerado imediatamente dado, a ciência abandona toda a pretensão do conhecimento em seu sentido social, histórico e humano e restringe-o à repetição. Como no mito, os conceitos científicos instrumentais confirmam a eternidade do presente (Adorno; Horkheimer, 1985).

Esse engodo, relativo aos conceitos caracterizados como estojos vazios, ou mesmo como mitos, já havia sido denunciado por Nietzsche (2005) ao afirmar que os homens adotam conceitos inventados por eles mesmos secularmente e, assim, "mentem em rebanho", a fim de manter a ordem estabelecida.

Utilizando-se da análise da linguagem e considerando os conceitos como metáforas, Nietzsche (2005) alertou que de fato não há a busca pela verdade, senão pelas suas consequências individuais ou pelo engano dentro de uma dada cultura. Os homens colocam-se, inclusive, de maneira hostil, caso a própria verdade abale suas agradáveis "certezas" sobre a vida. Nesse mesmo sentido, Horkheimer (2002) denuncia a manifestação do ódio, não apenas contra os indivíduos que aparecem física ou subjetivamente diferentes, mas contra o pensamento que não se justifica pelo uso, e "fora do comum [...] segue a verdade além das fronteiras delimitadas pelas exigências de uma determinada ordem social" (p. 91).

De acordo com Nietzsche (2005), ostentados pela regularidade rígida e pela lógica matemática, rigorosa e fria, os conceitos instrumentalizados tomam, contraditoriamente, seus próprios inventores, os homens, como sua medida. Exatamente por isso não são em si verdadeiros, efetivos ou universalmente válidos, uma vez que tendem a igualar o que não é igual. Aqui, a verdade é apenas o que se encaixa no conceito, sejam os mitos dos povos primitivos, a filosofia aristotélica utilizada pela Igreja, sejam os conceitos científicos modernos. Para Nietzsche,

65

quando alguém esconde uma coisa atrás de um arbusto, vai procurá-la ali mesmo e a encontra, não há muito que gabar nesse procurar e encontrar: e é assim que se passa com o procurar e encontrar da "verdade" no interior do distrito da razão. (p. 58)

É claro que se entende essa razão como a razão instrumental, ou mesmo como aquela que está presente nos mitos em seu aspecto formalizado, rígido, estereotipado. Não se trata de desconsiderar toda a ciência, ou jogar fora a própria razão e, sem distinções, desistir da luta por uma razão humana, o que seria, em última instância, desistir da própria humanidade. Isso seria um ceticismo com relação à própria razão, conforme aponta a crítica de Habermas à *Dialética do esclarecimento* (Maar, 2006). Entretanto, o que se pretende deixar claro e denunciar mais uma vez é que a busca pela dominação da natureza, pela verdade e, enfim, pela emancipação humana ainda não encontrou os resultados que um dia pretendeu. Não conseguiu ainda escapar à própria lógica dos mitos e continua, acreditando na eficiência neutra de si mesma, a manter a ordem social que destrói os próprios homens em seu potencial de emancipação (Adorno; Horkheimer, 1985).

Como um ciclo vicioso, a estratégia utilizada em nome da emancipação, o pensamento que se coisifica como matemática, máquina, organização, abdicou de sua realização e a destrói mesmo em sua potencialidade, uma vez que tornou o mundo cego e mudo diante dos fatos por meio de sua linguagem. Sua designação das coisas torna-se impenetrável, assim como torna impenetrável seu próprio objeto de conceituação, adquirindo adesão ou repulsão rígida, uma vez que o pensamento ainda está substituído por ideias estereotipadas (Horkheimer, 2002).

DA CRÍTICA À RAZÃO INSTRUMENTAL AO PRIMADO DIALÉTICO DO OBJETO

Como deve ter ficado claro, a ciência positivista moderna vê o mundo como fatos e coisas a serem organizados, catalogados. Assim, ao se preocupar com a obtenção de dados e pretender que sua subjetividade esteja totalmente fora do âmbito da ciência, colabora com a afirmação e manutenção da ordem vigente. Dessa maneira, tanto reifica a vida em geral e a percepção particular, como pressupõe que elas são, a priori, reificadas (Horkheimer, 2002).

No entanto, Horkheimer (2002) expõe que há um outro modo de conceber a realidade, que é, justamente, a tarefa da reflexão crítica. Porém, esta deve ir além da compreensão dos fatos em seu desenvolvimento histórico, o que seria em si mesmo um avanço com relação aos conceitos a-históricos e congelados. Esses conceitos, ao reproduzirem apenas aquilo que está na superfície, acabam por obscurecer em vez de clarificar a realidade. Isso ocorre, principalmente, porque são aceitos como a medida de verdade de processos sociais que não podem ser aceitos como definitivos. Perceber e compreender a contradição inerente na ciência e na sociedade como um todo, assim como "consertar isso é uma das tarefas mais importantes de uma filosofia que não confunde a forma congelada da realidade com uma lei de verdade" (Horkheimer, 2002, p. 88).

Porém, isso não significa dizer que se deva, simplesmente, voltar às outras formas de pensamento. Mesmo os sistemas que enfatizaram a razão objetiva tinham seus momentos de inverdade, de parcialidade. Exemplos disso são: a crítica de Adorno ao idealismo alemão ou, mesmo, sua crítica voltada aos críticos do próprio idealismo, como Husserl, Heidegger e o positivismo (Maar, 2006), além da dicotomia existente nas filosofias enfatizadas por Marcuse (1993). Nesses autores aparece

67

a mesma dificuldade contemporânea, a saber: obter uma "relação com o mundo dos objetos empíricos, bem como com a própria apreensão adequada da experiência no âmbito da racionalidade" (Maar, p. 134). A superação desse problema seria a realização de "um materialismo não dogmático em diálogo com a metafísica" (Maar, p. 136).

Segundo Adorno (1994b), para que um pensamento não se submeta à ideologia, à "sociedade como aparência" (p. 88), tem-se que, antes de tudo, não reduzi-lo a termos operacionais. Ao contrário, o objeto de análise deve ser guiado a uma outra linguagem, mediada pela "intransigência contra toda e qualquer reificação" (Adorno, 1994b). Isso porque por mais verdadeira que uma teoria possa parecer, caso ela se prive de uma relação espontânea com o objeto, reificará a si mesma, em vez de doar ao seu objeto o impulso crítico do qual se glorifica. Assim, também o espírito crítico não deve permanecer em uma autossuficiente contemplação, pois, dessa maneira, não enfrentará a reificação, da maneira que pretende, mas será sugado por ela.

O esforço do pensamento deve ser conseguir perpetrar o que está escondido como objetividade atrás de uma fachada. Por mais que, nesta sociedade, esse esforço esteja sob a estigmatização de "ocioso" e "inútil", uma vez que a classificação já teria simplificado e assim garantido o conhecimento da realidade (Adorno, 1994c). No entanto, é exatamente de interpretação (*Deutung*[2]) sobre o próprio objeto – no sentido de trazer à tona a dialética entre sujeito e objeto, sua configuração – que se necessita para abstrair as significações (*Bedeutung*) da realidade objetiva. Isso porque "a ordem sem lacunas dos conceitos não se identifica com o ente" (1994c, p. 174), ou seja, o conceito formalista e o objeto ao qual aquele pretende se referir não conseguem ser simplesmente o mesmo, e, além disso, o objeto encontra-se

---

[2] Sobre os vários significados da palavra *Deutung*, ver Hanns (1996).

Capítulo II
Bullying: razão instrumental

mediado subjetivamente. Essa é a pretensão de uma filosofia da identidade, a de que o objeto possa ser exposto em um sistema dedutivo no qual não existem lacunas. Contudo, um ilimitado esforço à exposição é imposto, quando há a consciência dessa não identidade entre pensamento e coisa. Ao mesmo tempo em que um objeto não consegue ter sua verdade revelada quando analisado unicamente a partir do todo ao qual pertence, o todo também não pode ser revelado simplesmente com um olhar pretensamente "purista" sobre o objeto. Desse modo, tanto objeto singular quanto totalidade seriam tratados como mônadas, como individualidades fechadas, porém idênticas. No entanto, o objeto específico é a reunião de algo mais que ele próprio, e aqui está o esforço necessário para analisá-lo, partindo dele mesmo, porém em sua dialética com o mundo que o criou (Adorno, 1994c). De acordo com Adorno (1995d), é apenas pelo conhecimento daquilo que é social no objeto que a objetividade requerida para a obtenção do conhecimento pode ser alcançada. Sem tal reconhecimento e sua devida reflexão, a própria objetividade se perde, reifica-se, pois obedece às forças sociais que governam tanto o objeto quanto o sujeito do conhecimento – a negação da subjetividade do sujeito e seu papel na apreensão do objeto não são nada mais que a recaída em uma subjetividade constituída pela cultura; são, na verdade, um primado, nem do sujeito nem do objeto, mas da falsa objetividade existente que consiste na dissolução do sujeito.

Desse modo, Adorno (1995d) considera que o giro copernicano representou a dissolução do próprio sujeito que passou a se enganar sobre o seu objeto, quando a teoria da sociedade se aproximou das ciências naturais. Os dados, compreendidos de um modo pobre e cego, não significam objetividade, mas algo que o sujeito não chega a dominar por completo. O sujeito que se reduz à imediatez dos dados alcança apenas o mínimo, ao despojar os dados de suas determinações. Para Adorno (1975):

O significado da coisa não é algo que exista positiva, imediatamente. Quem quiser conhecê-lo não tem que pensar menos, senão mais que o ponto de referência da síntese da pluralidade; no fundo, isso não é pensamento. A própria coisa não é de modo algum produto mental, senão o diferente através da identidade. (p. 190)

Assim, a proposta do autor é a de um retorno, em determinado sentido, ao primado do objeto. Porém, com o reconhecimento de que o objeto não é independente do sujeito, o que faz desse retorno um "segundo giro copernicano" (Adorno, 1995d, p. 187), no qual o objeto é tomado de maneira dialética. A separação entre sujeito e objeto é considerada assim, ao mesmo tempo, real e aparente. Seu componente de realidade está no fato de que tal separação expressa exatamente o cindido da condição humana, surgida forçosamente por dada condição social. No entanto, sua falsidade reside no fato de que tal separação, embora seja considerada existente nesse momento,

> não pode ser hipostasiada nem transformada em invariante [...] mas o *pseudos* (a falsidade) da separação manifesta-se em que ambos encontram-se mediados reciprocamente: o objeto, mediante o sujeito, e, mais ainda e de outro modo, o sujeito, mediante o objeto. A separação torna-se ideologia, exatamente sua forma habitual, assim que é fixada sem mediação. (Adorno, 1995d, p. 182-83)

Da mesma maneira que a pura indiferenciação, a separação é problemática. Segundo Maar (2006), tanto a identidade quanto a não identidade entre sujeito e objeto representam, para Adorno, uma antinomia no próprio âmbito da razão. Tomadas ambas em separado, como uma expressão da realidade, um dogma, são o próprio mito.

Desse modo, a separação entre sujeito e objeto, ao mesmo tempo que perpassa um e outro, não deve ser absolutizada nem esquecida. Assim, primado dialético do objeto seria não uma confiança no mundo exterior de maneira servil, mas o reconhecimento de que "o objeto torna-se algo somente enquanto determinado" (Adorno, 1995d, p. 188) e de que, na relação sujeito-objeto, a mediação ocorre por conta do sujeito, que não é a forma, mas sim o "como", a própria experiência, sua posição-chave: só cabe considerar a primazia do objeto, quando ela é determinável, dessa maneira, com relação ao sujeito.

Para conseguir alcançar o próprio objeto, não se devem eliminar suas determinações subjetivas; isso seria ir na direção contrária à de sua primazia, seria considerar uma pureza que não é sua característica, nem do sujeito do conhecimento, e que apenas refletiria uma subjetividade abstrata, a aparência do real, permanecendo no âmbito da ideologia, jamais revelando sua essência, o que ele realmente significa. É importante ter clara essa relação dialética, segundo a qual "o particular só existe como determinado e, nesta medida, é universal; o universal só existe como determinação do particular e, nesta medida, é particular. Ambos são e não são" (Adorno, 1995d, p. 199).

Em certa medida, o objetivo de adotar um primado dialético do objeto é romper a via da conceituação no âmbito do pensamento identitário, forçando o conceito a apresentar-se como antinômico, na medida em que se reconhece referindo-se a um não idêntico. Apenas assim seria possível escapar de um aprisionamento no contexto conceitual, abrindo à experiência as possibilidades do objeto que não se encontram na aparência. A subjetividade tem aqui uma qualidade constitutiva, na medida em que recupera do objeto um impulso crítico para o pensamento que se abala e passa a questionar, devido à contradição que vem à tona. O primado do objeto, como aqui referido, visa, então, a uma real transformação das condições sociais vigentes (Maar, 2006).

UMA ANÁLISE SOBRE O CONCEITO DE *BULLYING*

Considerando os estudos sobre *bullying* apresentados previamente, suas conceituações, argumentações e busca por determinantes e a exposição da teoria realizada aqui, pretende-se agora analisar o conceito propriamente dito. O termo *bullying*, como já citado antes, foi cunhado por um pesquisador norueguês para se referir aos comportamentos agressivos que ele observou entre os alunos nas escolas. Essa observação seguiu as regras da ciência em seu sentido neutro. Por meio da observação sistemática e da suposta neutralidade do sujeito pesquisador, pretendeu chegar ao que, de fato, ocorria naquele ambiente. Chamou de *bullying* os comportamentos encontrados, e sob esse termo os descreveu de maneira sistemática. Logo, sua terminologia passou a ser utilizada em diversos países da Europa, e seu novo conceito científico, assim como o termo que o designava, passou a substituir palavras específicas dessas culturas. Tais palavras, e tudo o que elas pretendiam significar ao tentar abarcar a realidade, se perderam e deram espaço para o vazio e meramente descritivo *bullying*. Aí se perdeu, também, uma possibilidade emancipatória contida na própria linguagem: a genealogia denunciadora das relações culturais imanentes. Apenas para citar alguns exemplos: o que havia por trás das palavras *kano to magha, miono* e *teleporo*, na Grécia,; das *radast a, hrekkja, skilja ut undan, strida, taka fyrir* e *einelti*, na Islândia; ou mesmo das palavras *abuso, armar-se, insulto, provocação, rejeição* e *violência*, em Portugal? Dentro da ciência do *bullying*, talvez essa dimensão não possa ser recuperada.

Esse aspecto não foi observado por Smith e colaboradores (2002), que pretenderam apenas demonstrar o quanto o conceito, tão caro para eles, era abrangente e, por isso, legitimamente científico. Não seria, afinal, uma maravilha juntar aquele caos de significações, em idiomas, aliás, pouco importantes em termos

Capítulo II
Bullying: razão instrumental

políticos mundiais, sob um mesmo rótulo? No estudo desses autores, eles mostraram aos sujeitos da pesquisa (de 8 a 14 anos de idade) desenhos com "cenas" do que denominam *bullying*, e lhes foi solicitado que as nomeassem. Os pesquisadores ficaram satisfeitos ao perceberem que não havia naturalmente um termo tão abrangente quanto o que a sua ciência criou. É interessante como isso remete à crítica de Nietzsche (2005, p. 58) sobre "o procurar e encontrar da 'verdade' no interior do distrito da razão". Esses pesquisadores não teriam encontrado exatamente o que procuravam onde o esconderam? Será que os resultados dessa pesquisa, de fato, atestam a validade de seu conceito? Quando alguém pergunta para a pesquisadora brasileira Fante "o que é o *bullying*?", ela responde, assim como descreveu em seu livro (Fante, 2005) e fez em sua palestra (Fante, 2007), que:

> [...] por definição universal, o *bullying* é um conjunto de atitudes agressivas, intencionais e repetitivas que ocorrem sem motivação evidente, adotado por um ou mais alunos contra outro(s) causando dor, angústia e sofrimento. (Fante, 2005, p. 28-29)

Lopes Neto (2005), em seu artigo de revisão sobre o conceito de *bullying*, no qual utiliza como base os trabalhos internacionais sobre o assunto, define-o de forma semelhante:

> Por definição, o *bullying* compreende todas as atitudes agressivas, intencionais e repetitivas, que ocorrem sem motivação evidente, adotadas por um ou mais estudantes contra outro(s), causando dor e angústia, sendo executado dentro de uma relação desigual de poder. (Lopes Neto, 2005, p. s165)

A definição de *bullying*, pontual e sem extensão, tomada como universal, apresenta-se meramente descritiva. Diversos exemplos dos fatos são encontrados na literatura, para ajudar nesta descrição. Desde o início, o termo deixou de significar e passou a designar algo. A sua intenção é ser semelhante, idêntico, aos fatos observados em sua aparência imediata. Como uma fórmula ordenada da realidade, tal definição fixa elementos isolados da vida social e se torna vazia, uma palavra sem significado, um signo destituído de qualquer qualidade, visando a uma pretensa pureza e transparência com relação ao que deve designar, assim como na razão instrumental denunciada por Adorno e Horkheimer.

No entanto, para a fixação do conceito de *bullying*, os autores realizaram classificações interiores ao próprio conceito. É o caso das divisões sobre os tipos de comportamentos agressivos citados por Olweus (1993), Fante (2005), Lopes Neto (2005), Martins (2005) e Smith (2002), assim como das divisões que classificam as pessoas envolvidas nos fatos descritos por *bullying*: "o *bullying* é classificado como direto, quando as vítimas são atacadas diretamente, ou indireto, quando estão ausentes" (Lopes Neto, 2005, p. 166), ou, ainda,

> Embora exista uma série de tipologias de agressão e de intimidação, as principais delas são: físicas: bater, chutar, socar, tomar os objetos pessoais; verbais: implicar, insultar (incluindo novas formas, como intimidação por e-mail e por telefone); exclusão social: "você não pode brincar conosco"; indiretas: espalhar boatos maldosos, dizer a alguém para não brincar com um colega. (Smith, 2002, p. 189)

Também os indivíduos envolvidos, chamados por Fante de "protagonistas do fenômeno" (Fante, 2005, p. 71), receberam na literatura diversas classificações, as quais quando reunidas permitem encontrar, como citado previamente, dois tipos de agressores (ou autores): os líderes e os seguidores; três tipos de vítimas (ou alvos): passivas ou típicas, agressivas provocadoras, e vítimas que também intimidam outros; e quatro tipos de testemunhas: as que reforçam a intimidação, as que participam ativamente dela, aquelas que apenas observam e as que defendem o colega. Pode-se perceber que essas classificações interiores ao conceito, tanto com relação aos comportamentos observados quanto aos indivíduos, se dão mais uma vez no nível da mera descrição da aparência imediata. De acordo com Adorno e colaboradores (1969), as classificações feitas no nível da descrição e baseadas em dados estatísticos transformam o que é flexível em características estáticas, negligenciando, sobretudo, o impacto dos fatores históricos e sociais. Fante (2005) descreve com pormenores cada um dos "protagonistas". A título de exemplo, a seguir está a descrição daqueles que são considerados "vítimas provocadoras":

> Aquela que provoca e atrai reações agressivas contra as quais não consegue lidar com eficiência. A vítima provocadora possui um "gênio ruim", tenta brigar ao responder quando é atacada ou insultada, mas geralmente de maneira ineficaz; pode ser hiperativa, inquieta, dispersiva e ofensora; é, de modo geral, tola, imatura, de costumes irritantes, e quase sempre é responsável por causar tensões no ambiente em que se encontra. (Fante, 2005, p. 72)

E, aqui, dos considerados "agressores":

> O agressor, de ambos os sexos, costuma ser um indivíduo que manifesta pouca empatia. Frequentemente é membro de família desestruturada, em que há pouco ou nenhum relacionamento afetivo. Os pais ou responsáveis exercem supervisão deficitária e oferecem comportamentos agressivos ou violentos como modelos para solucionar conflitos [...] É mau caráter, impulsivo, irrita-se facilmente e tem baixa resistência às frustrações.

Custa a adaptar-se às normas; não aceita ser contrariado, não tolera os atrasos e pode tentar beneficiar-se de artimanhas na hora das avaliações. É considerado malvado, duro e mostra pouca simpatia para com suas vítimas. Adota condutas antissociais, incluindo o roubo, o vandalismo e o uso de álcool, além de se sentir atraído por más companhias. Seu rendimento escolar, nas séries iniciais, pode ser normal ou estar acima da média; nas demais séries, em geral, ainda que não necessariamente, obtém notas mais baixas e desenvolve atitudes negativas para com a escola. (Fante, 2005, p. 73)

Assim como a classificação dos comportamentos em físicos, verbais, exclusão social e indiretos, por exemplo, não revela a natureza social e histórica do que descreve, permanecendo no imediatismo do dado, a classificação dos sujeitos dentro desse conceito aparenta uma visão parcial deles. Tal visão coloca as características individuais como fatores causais. E, mais do que isso, na classificação, essas características são apresentadas de maneira reificada, pois perdem seu aspecto histórico, tanto no âmbito da constituição da cultura, quanto no âmbito do desenvolvimento do indivíduo nessa cultura. Considerar, na descrição de uma dada "vítima", que ela seria "hiperativa, inquieta, dispersiva e ofensora" (Fante, 2005, p. 72), ou, na descrição do "agressor", que ele "não aceita ser contrariado, não tolera os atrasos e pode tentar beneficiar-se de artimanhas na hora das avaliações" (Fante, 2005, p. 73), não significa um esforço insuficiente do pesquisador para permanecer "neutro" com relação ao que observava, mas sim que, ao permanecer no imediatismo do dado, a pretensa objetividade do pesquisador surge, na classificação apresentada aqui, exatamente como a subjetividade inerente a essa ciência e rejeitada por ele mesmo. Tal subjetividade é também inerente ao objeto pesquisado, pois ele, por mais que seja negado, de acordo com Adorno (1995d), só é algo com

Capítulo II
Bullying: razão instrumental

relação ao universal do qual faz parte. No entanto, quando isso é ignorado, apenas a superfície é alcançada e a ideologia é considerada rigidamente a própria realidade. É claro que não se trata de uma luta sem sentido contra os conceitos universais. Eles, utilizados pelas ciências com base na abstração ou na axiomatização, são condição para o conhecimento, mas não devem ser o próprio conhecimento, que, quando alcançado, justamente destrói a classificação (Adorno; Hokheimer, 1985).

Dessa maneira, o conceito de *bullying* acaba por tomar como verdade aquilo que é apenas sua aparência, ou melhor, aquilo que estando na aparência é, e ao mesmo tempo não é, de fato, a realidade. Sua verdade reside em que tais relações são realmente observadas, são condições da existência humana neste momento histórico, mas sua falsidade está em tomar o dado como estático e invariante. É essa falsidade que determina as atitudes com relação àquilo que o conceito descreve, e torna qualquer análise que persiste presa a ele também falsa e mantenedora das relações existentes.

Ao descrever e classificar comportamentos e pessoas, baseando-se em questionários e dados estatísticos, e, com isso, ao não avançar com relação às análises do que estaria na raiz dos dados encontrados, tal conceito se presta ao papel de ideologia. O conhecimento gerado dessa forma não avança com relação ao próprio conhecimento social, à sociedade em si. O *bullying* aparece, então, como outro mito criado pelos "homens da ciência". Ele é um tipo de conceito produzido pela razão instrumental e que, de acordo com Horkheimer, se revela ideologia na medida em que sua fundamentação parece a-histórica e surge "independentizado" no que se refere às diversas teorias:

> Na medida em que o conceito da teoria é independentizado, como que saindo da essência da gnose (Erkenntnis), ou possuindo uma fundamentação a-histórica, ele se transforma em

77

uma categoria coisificada (verdinglichte) e, por isso, ideológica. (Horkheimer, 1983, p. 129)

Parece que o conceito de *bullying* se tornou um instrumento e, ainda segundo o autor,

[...] assim que um pensamento ou palavra se torna um instrumento, podemos dispensar de "pensar" realmente isso, isto é, de examinar detidamente os atos lógicos envolvidos na formulação verbal desse pensamento ou palavra. (Horkheimer, 1990, p. 31)

Pode-se notar a "independentização" desse conceito com relação às teorias, quando se observa que ele é utilizado do mesmo modo por pesquisadores de diferentes teorias: psicanálise (Fante, 2005), análise do comportamento (Pereira, 2002), etologia e psicobiologia, como alguns estudos citados por Pereira (2002). Parece que todos se dispensam de pensar o conceito de *bullying* e tomam-no como instrumento para conhecer uma dada realidade. Seu caráter instrumental e sua pretensão de neutralidade alcançam uma magnitude tal que ele passa a ser aceito como medida de verdade; e cabe às teorias dar explicações sobre as causas de sua ocorrência, mesmo quando essas teorias têm bases epistemológicas divergentes tanto entre si quanto daquela que constitui o conceito de *bullying*. No caso, por exemplo, da psicanálise, ao se submeter à classificação reificada, ao conceito de *bullying*, aparece como uma psicologia pragmática, ao conceder explicações psicodinâmicas em nível individual para reafirmar com a teoria o que foi observado nos dados estatísticos como verdade universal e hipostasiada. Desse modo, ela acaba "por colocar por terra" a possibilidade de autonomia na história humana, e, transformada em natureza crua, em *ego* regredido ao *id*, a psicanálise "se torna tão ditatorial quanto a própria realidade" (Rouanet, 1998, p. 86).

Nesse mesmo sentido, ocorrem as intervenções tão valorizadas na sociedade atual: dando-se no nível seja da punição de comportamentos, seja no do adestramento para se comportar de maneira "pacífica", seu resultado é a manutenção da ordem social, que reproduz exatamente aquilo que se denomina *bullying*. Assim, continua válida a argumentação de Freud (1996c) de que a civilização não cessa de se esforçar para limitar manifestações de agressividade humana, e daí decorre o mandamento de "amar ao próximo" de onde deriva o "educar para a paz" da atualidade. No entanto, ainda segundo o autor, isso vai contra os homens, uma vez que, ao aparecer como razoável, é, no fundo, elemento da desrazão, mais uma tentativa de repressão. Para Fante, o importante é "combater a violência para reduzi-la a níveis toleráveis" (2005, p. 207). Resta saber o que é um nível tolerável de violência. Seria aquele que não denuncia as próprias contradições da presente ordem social?

Outra contradição nos estudos, textos e artigos que falam sobre *bullying* é que, mesmo se remetendo às explicações em nível individual, citam outros determinantes para sua ocorrência em nível social, como as chamadas influências dos programas de televisão, da família e da escola. Porém, não avançam nessa análise, chegando, quando muito, a listar estudos e tantos mais dados estatísticos, como fazem Fante (2005) e Pinheiro (2006), por exemplo. Seccionadas de sua gênese, essas instituições sociais são apresentadas como dadas. Parece haver uma unificação entre psicologia e sociologia que, segundo Adorno (1991), resulta em harmonização mediante a aplicação dos mesmos conceitos em níveis diferenciados de abstração. No entanto, isso se revela não como contradição, os pesquisadores estão em total concordância com o "autoengodo da sociedade" e da "ideologia individualista", pois respondem exatamente à sua concepção de que "a experiência da humanidade histórica seja mediada, mas o individual será um cada caso imediato" (Adorno, 1994c, p. 174).

No entanto, o que parece ser ainda mais contraditório nas falas dos pesquisadores é a menção à falta de valores religiosos como causa de *bullying* (Fante, 2005; Pedra, 2007; Pereira, 2002). Como representantes da ciência especializada se remetem à religião considerada por essa mesma ciência um dogma e contra a qual se coloca? No entanto, de acordo com Adorno e Horkheimer (1985), mais uma vez o que parece ser uma contradição, na realidade revela as características imanentes da razão instrumental.

Como ficou claro na seção anterior, a ciência positiva, ao se considerar o último estágio e, acima de tudo, o único meio de conhecer a realidade verdadeiramente, deixa de pensar os outros estágios que classificou, estágios que pretende ter deixado para trás (teológico e metafísico). Abandonou, assim, a luta contra as superstições e mesmo contra a religião travada desde muito na filosofia, pois ambas procuravam explicar os objetivos da vida, cada uma a seu modo. Se esses objetivos foram de uma vez por todas desconsiderados, se a ciência positiva formulou uma classificação distinta e se colocou entre a filosofia pragmática e a religião, como uma mitologia institucionalizada, mesmo dessa maneira não deixou de reconhecê-la. No entanto, reconhecer a religião não significa reconhecer seu discurso sobre os fins e sobre a ética e a moral, pois seu próprio conteúdo objetivo foi afetado pelo aparente término do conflito com a ciência e a filosofia, que, mesmo sem ter conseguido destruir a Igreja, destruiu o próprio conceito de razão objetiva sobre o qual ela se constituía, sua razão inicial de ser. Assim, a religião foi reduzida a um bem cultural, como tantos outros, e foi "neutralizada". Ao perder seu conteúdo objetivo, ao deixar de pensar no destino humano, assumiu o papel de reguladora dos comportamentos humanos individuais, ou seja, a adaptação à ordem capitalista, à ciência e à razão instrumental com a qual fez as pazes (Horkheimer, 2002). É na fala de Pedra (2007) em que se observa essa mesma contradição. Para ele, o *bullying* é resultado da falta de limites das crianças, que

[...] têm dificuldades de limites obviamente porque a família está falhando em estabelecer limites na vida delas. Isso não é muito difícil de se compreender, nós passamos praticamente trinta anos sob um regime ditatorial, autoritário, onde confundimos autoritarismo com autoridade e temos medo de sermos autoritários e acabamos agindo frouxamente com os filhos, não impondo esses limites. E aqui, olha, eu peço muito carinho da sua parte pra ouvir o que eu tenho a lhe dizer. Falta noção de Deus! As pessoas se esqueceram de Deus. Não quero bancar aqui o pregador, apelativo, mas é preciso resgatar a noção de Deus! Sabe por quê? Se a criança percebe que o papai não tem limite, faz o que quer, fala o que quer, a mamãe não tem limites, por que eu vou aceitar um limite sobre a minha vida? Mas quando a criança sente que papai e mamãe têm temor a Deus no coração, quando sentem que papai e mamãe amam a Deus e procuram a presença de Deus na vida comum do lar, a criança diz "olha também papai e mamãe estão abaixo de alguém".

A análise pretendida é sobre a proposta de função da religião, ou antes, de Deus. Percebe-se que, na argumentação dele, a religião não é utilizada em seu fundamento teológico, com o intuito de buscar o objetivo da existência humana (se esse objetivo é falso ou não é uma outra questão). Aqui, a religião aparece com o papel, única e exclusivamente, de modo autocrático, de manter a ordem social vigente, e nesse sentido, é sua parceira. Observa-se uma intenção inicial de contrapor autoridade e autoritarismo, de dizer que o papel da religião não seria, tal como o autoritarismo o é, à moda do regime militar vivido no Brasil há algumas décadas. No entanto, tal contraposição não é solucionada, e o argumento posterior traduz a ideia de que a religião é um recurso para o controle dos comportamentos humanos e nada mais. A noção é de resignação dos filhos por meio do modelo de resignação dos pais. O papel dos pais na educação dos filhos, que poderia ter aqui uma argumentação que remetesse à abertura à experiência formativa, ganha um sentido totalmente contrário. O argumento é que os comportamentos não devem ocorrer a partir da reflexão sobre a racionalidade ou irracionalidade inerente a eles, mas a partir de um discurso, ou, antes, de um modelo heterônomo e vazio de significado para o próprio sujeito. O controle, embora não seja imposto à força pelos militares, é imposto por meio de um discurso moralista que perdeu sua função inicial para com a existência humana. Deus aparece, nessa fala, como o substituto direto dos próprios militares.

Nesse mesmo sentido, Freud (1996a) deixou explícita a função regressiva da religião, problematizando a necessidade de uma autoridade nesses moldes, que cerceia a inteligência, e de um sistema que ordene aquilo que o homem, por meio da ciência, ainda não consegue controlar. Tal sistema, repressivo, torna a razão inacessível, e os homens governados pelos desejos submetidos à lógica perversa da civilização; torna, portanto, o próprio intelecto atrofiado. Porém, se pergunta: é necessário que seja assim? É claro que o autor não abre mão de toda e qualquer autoridade, que, para ele, deve ter uma outra qualidade, a de exemplo de sublimação pela inteligência, a formação de um sujeito orientado pela realidade.

O discurso moralista é também característico, quando os trabalhos sobre *bullying* fazem referência às consequências individuais para aqueles que, de alguma forma, estão envolvidos nos fatos que o conceito descreve. Se por um lado está claro que a função da ciência é proporcionar uma vida cada vez melhor para a humanidade em geral e para aqueles que a ela pertencem em particular, por outro, quando se deixa de lado a reflexão sobre isso e a toma como certa, a argumentação a respeito das consequências da violência à saúde dos sujeitos revela não uma real preocupação com o humano, mas com sua adaptação à própria ordem que os adoece. A partir do momento que não se questiona a função do adoecimento e da "cura", há a conversão dos próprios objetivos de se pensar nos indivíduos. Tais objetivos deixam de ser os próprios sujeitos e passam a ser a manutenção da sociedade vigente. A saúde é a normalidade para o trabalho, o que Adorno chamou de "saúde para a morte" (1993, p. 49), aquela que,

> ao propor um ideal de homem perfeitamente ajustado, faz o mesmo que fizeram os modelos de super-homem nazista e de *Übermensch* de Nietzsche, os quais propõem o ideal de personalidade integrada, que numa sociedade antagonística só pode significar a extinção de toda capacidade de resistência. (Rouanet, 1998, p. 95)

A função de eliminar os sintomas não é de eliminar suas causas, que estão principalmente na sociedade, mas eliminar a denúncia das contradições sociais que o sofrimento individual traz implícita em si mesmo e, além disso, produzir um sujeito "bem adaptado", capaz de reproduzi-las. Tanto o é que, para isso, pensa-se em eliminar aquilo descrito como *bullying*, sem conceber em função do que ele ocorre, e que ele é também um sintoma das contradições sociais, e não uma causa direta dos sofrimentos individuais. Nem é tanto aquilo que se tem sob o rótulo de *bullying* nem o sofrimento encontrado nos indivíduos envolvidos que desfiguram a ordem social; ao contrário, segundo Adorno e Horkheimer (1985), é a ordem estabelecida atualmente que não pode resistir sem desfigurar os próprios homens.

Ainda assim, não se pode negar que algumas pesquisas parecem avançar mais do que outras, principalmente quando consideram o universal para suas análises, tal como Knafo (2003), referindo-se à autoridade paterna, e Yoneyama e Naito

(2003), à autoridade no ambiente escolar. São pesquisas de enfoque social que revelam que existe algo, fora dos indivíduos, que interfere em sua vida. No entanto essas pesquisas deixam a desejar em análises não somente no âmbito individual, mas, principalmente, na interação entre ambas as esferas. Além disso, estão de antemão reificadas ao adotarem, como um instrumento para olhar a realidade, o próprio conceito de *bullying*. Talvez a análise desses autores ganhe mais significação, se eles simplesmente abandonarem esse conceito e passarem a pensar o que significa a autoridade paterna e a autoridade no ambiente escolar em suas culturas, sem naturalizá-las e utilizá-las como justificativa da violência entre os alunos. Isso pode ajudar a repensar a própria sociedade e sua necessidade de produzir e reproduzir nela e em seus sujeitos a violência. O mesmo vale para Catini (2004), que, embora pretenda compreender o *bullying* na realidade brasileira, o faz de modo superficial, reduzindo sua crítica ao que chamou de "sociedade do consumo", sem aprofundar sua análise teoricamente e defendendo a mera satisfação das necessidades básicas.

Pensar nos determinantes sociais da descrição de *bullying*, de um modo linear, não dialético, é ainda olhar para a superfície. Analisar, por exemplo, o *éthos* com base nas hierarquias de dominância, exclusão e maus-tratos em uma sociedade e um conceito de etnia referentes à cultura dos ciganos e circenses – pensando-os como duas minorias étnicas com identidade grupal e valores próprios mesmo quando fixam residência – como fizeram Lloyd e Stead (2001), quanto ao conceito de *bullying*, é justificar a violência que ele pretende descrever, e não produzir uma reflexão na direção, justamente, de superação de tal *éthos*. Do mesmo modo, identificar estatisticamente os grupos-alvo – obesos, de baixa estatura, homossexuais etc. – denota mais uma tendência a adaptá-los aos valores culturais do que à convivência democrática. Reconhecer que esses valores sociais presentes na educação dos indivíduos influenciam na relação com os outros não é questioná-los em sua validade. É, mais uma vez, reproduzir uma justificativa para a adaptação, pois o que se pretende não é mudar esses valores, mas conviver com eles, "tolerá-los", sem demonstrar o quanto são nocivos aos próprios sujeitos.

Todas essas questões sobre o conceito de *bullying* revelam como ele se integra ao que Horkheimer (1983) chamou de teoria tradicional. Segundo esse autor, a teoria, no sentido tradicional, produz exatamente a classificação de processos sociais específicos e isolados e torna a função da ciência uma "enformação (*Formung*) do material do saber" (p. 129), mesmo dos mecanismos sociais e econômicos determinados, reproduzindo eternamente a situação que ela mesma classifica. Ela é, em si, fruto da razão instrumental criticada por Adorno e Horkheimer (1985).

No entanto, a crítica que se é obrigado a realizar, quando o conceito de *bullying* é desmascarado como ideológico, não deve levar à interpretação falsa e também ideológica de que por isso aqueles fatos descritos sob esse rótulo não devem ser estudados. Ao contrário, deve-se prestar ainda mais atenção a eles, tomando-os como objetos em si mesmos e evitando, assim, uma recaída na reificação. Porém, esta última questão, a consideração do objeto em si, se refere a evitar olhá-lo através da lente *"bullying"*, a evitar utilizar esse conceito como um instrumento para conhecer a realidade, como têm feito diversos pesquisadores da psicologia, das ciências sociais e profissionais da área da educação e saúde de diferentes teorias.

A questão da redução da realidade a termos operacionais, como já exposta anteriormente, é, para Adorno (1994b), uma das condições que levam um pensamento a submeter-se à ideologia. O conhecimento que pretende se aproximar da realidade, caso se utilize das classificações rígidas de uma ciência instrumentalizada, por mais crítico que pretenda ser, será também instrumentalizado por seu próprio objeto, uma vez que ele foi reificado, formalizado. Horkheimer já havia alertado para a problemática da junção da teoria crítica com a teoria tradicional que resulta da aplicação de "proposições parciais da teoria crítica a processos únicos e repetitivos da sociedade atual" (Horkheimer, 1983, p. 152), que, embora pareça atender a um fim progressista, não chega a obter a desejável correspondência com a verdade.

Poder-se-ia questionar como essa verdade seria alcançada por meio do retorno ao objeto. As intervenções realizadas em toda parte do mundo, para diminuir o índice de violência entre os estudantes, são a prova cabal da ligação direta que o conceito de *bullying* tem com a prática social. No entanto, essa é uma prática, como denunciou Adorno (1995c, p. 207), "autárquica, com traços maníacos e coercitivos", que tem seus fins fora de si, como pode ser percebido na decisão daquele comitê especial no Japão por punir alunos considerados agressores de outros alunos, separando-os em classes especiais e obrigando-os a prestarem serviços sociais (*Estadão*, 2006). Não é uma prática considerada práxis, pois segue "a correnteza, ainda que se declarando estar contra a correnteza" (Adorno, 1995c, p. 208). Isso ocorre exatamente por conta da supressão do pensamento pela formalização do objeto – que se constrói como um meio independentizado dos fins da ciência, dos quais permanece alienada. A própria pergunta a respeito do que deve ser feito se constitui em um "trancamento automático" em resposta aos argumentos críticos mesmo antes de serem compreendidos, e a prática que se quer imediata não pode sê-lo e não alcança a transformação necessária para o fim do sofrimento. A proposta da teoria crítica é a supressão da práxis ideológica (para Adorno, falsa práxis não é práxis) e a realização da relação essencial entre teoria e práxis, da análise reflexiva da situação, a fim de pensar em momentos que possam existir para além do dado. De acordo com Adorno, "sempre que alcança algo importante, o pensamento produz um impulso prático, mesmo que oculto a ele. Só pensa quem não se limita a aceitar passivamente o desde sempre dado" (Adorno, 1995c, p. 210). A necessidade que surge aqui é trazer o objeto de volta à experiência da qual o conceito congelado lhe privou. Apenas a partir dessa experiência, pode-se alcançar a essência do objeto e, quem sabe, produzir o impulso prático que tanto se procura.

BULLYING E PRECONCEITO

As pessoas chamadas "vítimas", seu pertencimento a determinados grupos com caracterizações específicas –, ou seja, os fatores sociais que determinam os grupos-alvo – e os indicativos da função psíquica para aqueles considerados agressores, à primeira vista, parecem aproximar o *bullying* de um preconceito já estudado durante a década de 1940 pelos pesquisadores da Escola de Frankfurt em decorrência do nazismo. Isso porque se sabe que suas vítimas não eram apenas os judeus e seus descendentes, mas também outras minorias, como as que apareceram nos estudos sobre *bullying*: os ciganos e os homossexuais e aqueles que possuíam "defeitos físicos", seguindo-se, aí, as regras da eugenia. Além disso, para esses autores, o preconceito também tem uma função psíquica.

Dois trabalhos discutem especificamente o *bullying* voltado contra determinados grupos étnicos. Seus autores, Lloyd e Stead (1998; 2001), deixam claro que no país pesquisado, a Escócia, existe um contexto histórico e cultural do preconceito relacionado aos grupos nômades, incluindo os ciganos. Embora não se possa conhecer aqui qual seria o papel desses grupos, de nômades em específico, no contexto escocês e no Reino Unido como um todo, arrisca-se dizer que eles representam a antítese dessa cultura em que se inserem, como a de toda sociedade baseada em uma economia capitalista, pois desafiam a ideologia de que a felicidade está ligada ao consumo de bens materiais e culturais apenas acessíveis aos que se dedicam arduamente ao trabalho alienado.

As pessoas desses grupos, que viajam de cidade em cidade sempre a cantar, felizes, com suas festas, roupas e músicas típicas – como mostra a mídia brasileira pelo menos –, podem formar um estereótipo de pessoas "livres" dos imperativos desta cultura. Além disso, fazem lembrar um tempo em que a espécie humana ainda vivia em bandos e não havia se tornado "civilizada". Também os artistas de circo, aos quais se referem os mesmos autores, parecem formar um grupo que não se encontra rigidamente sob as rédeas do capitalismo, embora isso não seja de todo verdade, uma vez que se utiliza dele ao oferecer ao proletariado o divertimento necessário para o retorno a seu posto de trabalho. É claro que essa breve análise não consiste em mais do que algumas suposições. No entanto, nesses dois casos, seria interessante compreender que papel têm no sentido do desenvolvimento econômico de determinado país, e em que medida, ainda no presente, os estereótipos pelos quais são conhecidos estão propagados naquela cultura e são necessários para sua manutenção.

Os homossexuais também aparecem nas pesquisas sobre o *bullying* como vítimas frequentes dessa violência (Poteat; Espelage, 2005; Clarke; Kitzinger; Potter, 2004; Ray; Gregory, 2001). No entanto, o que se poderia encontrar exclusivamente nesse grupo de pessoas, que não se caracterizam de fato por uma minoria étnica, mas que trazem incômodo aos outros sujeitos? Talvez a ideia de que é possível realizar totalmente seus desejos sexuais; uma noção também baseada em estereótipos, mas que encontra ressentimento em uma questão material contida na própria história da civilização ocidental: a importância da constituição da família na classe do operariado para a manutenção do capitalismo.

De acordo com Marx, toda categoria econômica pressupõe "uma população que produz em determinadas condições e também certo tipo de famílias, de comunidades ou Estados" (1980, p. 63). Na constituição do capitalismo moderno, o ideal de família burguesa obtém um papel fundamental. Ora, para estar disposto a uma jornada de trabalho, o cidadão não poderia "se dar ao luxo" de frequentar, em seu período de folga do trabalho, tabernas e outros locais de "esbórnia", para beber e divertir-se. Aliás, de acordo com Marx e Engels (1998), a "vagabundagem" tornou-se um problema na decomposição do feudalismo e composição da manufatura. Eis que, auxiliados pela moral cristã, os capitalistas propagaram a família como um valor essencial; não obstante, isso lhes garantia que as pessoas voltassem para casa no final da jornada de trabalho, e não se rendessem à luxúria, mas reprimissem seus desejos.

Os homossexuais, então, passam à margem, por não constituírem família no ideal burguês e, ao mesmo tempo, representarem a antítese do valor propagado pela cultura. Eles são, aqui, aqueles que não se "adaptam" e, por isso, seriam mais indivíduos que os outros submetidos às normas que proporcionam a manutenção da ordem vigente, às quais eles mesmos se encontram subjugados. Em *O mal-estar na civilização*, Freud (1996b) explicita as restrições que a civilização ocidental exige de seus integrantes. Dentre as proibições, está, além das satisfações extragenitais, a própria escolha do objeto de amor, que se restringe ao sexo oposto. A questão é que, ainda na atualidade, apenas são moralmente permitidos relacionamentos entre um homem e uma mulher, a despeito da aparente liberação sexual divulgada (ou ordenada) pela mídia.

Ao mesmo tempo, a pesquisa de Poteat e Espelage (2005), cujos resultados demonstram que a maioria dos apelidos nos Estados Unidos é de natureza homofóbica, mas não está voltada apenas aos homossexuais, mas também aos heterossexuais, e ocorre como uma forma de policiamento do comportamento entre os jovens, denota a persistência desse ideal de relacionamento amoroso e de repressão dos desejos ainda na atualidade, que apenas parece ter se desvinculado do processo histórico que proporcionou sua existência. A argumentação dos "agressores", demonstrada na pesquisa de Clarke, Kitzinger e Potter (2004), de que seus atos contra filhos de homossexuais seria um resultado do "estilo de vida escolhido pelos pais" e, em certa medida, de responsabilidade dos próprios pais, denuncia que algo é visto como diferente da norma e como uma possibilidade de escolha em ser ou não "normal", em estar contra ou a favor do percurso e das restrições de dada cultura.

Outros valores da cultura foram encontrados como a base dos apelidos e das agressões, em especial os padrões estéticos dos quais a obesidade (Griffiths et al., 2005; Sjöberg; Nilsson; Leppert, 2005) e a baixa estatura (Stein; Frasier; Stabler, 2004) são a antítese. Ambas se encontraram como objetos de análise para pesquisadores que buscam compreender as características dos alvos de bullying. Os estereótipos ligados aos obesos, segundo Janssen e colaboradores (2004), revelam crenças negativas a respeito deles, considerando-os indivíduos que gozam, tiram sarro, brigam, são egoístas e inferiores. Esses indivíduos diferem dos ideais de beleza propagados pelos produtos da indústria cultural, vide as revistas de beleza e os artistas de cinema que remetem seu sucesso na vida à aparência física. Os autores da pesquisa consideram que a vitimização de crianças, pré-adolescentes e adolescentes obesos ocorre porque eles desviam dos ideais impostos de aparência. No entanto, não consideram que a questão é a existência de tais ideais inatingíveis e ilusórios; assim, novamente, a crítica cai sobre os sujeitos, e não sobre a lógica social, ou sobre a dialética entre indivíduo e cultura. As crenças sobre os obesos parecem estar próximas da racionalização, com argumentos irracionais, e da ilusão paranoica; e ligadas à projeção, considerada por Adorno e colaboradores (1969) e por Jahoda e Ackerman (1969) uma das manifestações do preconceito. O bullying contra os portadores de necessidades especiais, citado por Pereira (2002), também parece ter alguma ligação com um ideal de perfeição do ser humano. Estes envolvidos no que chamam *bullying* podem revelar sobre quais bases materiais ocorre a agressividade irracional. Essas bases, caso sejam as mesmas do preconceito, se ligam, como encarado por Adorno e colaboradores (1969), ao desenvolvimento econômico, social, cultural e a consequentes ideais e padrões de beleza e comportamento. Os estereótipos, a generalização e as racionalizações possibilitam a definição de tais pessoas e grupos em termos das características que se harmonizam com as tendências psíquicas de quem as manifesta, criadas socialmente por meio da constante adaptação que se impõe aos sujeitos nas sociedades capitalistas e pretensamente democráticas.

A definição de *bullying* que se vê, por exemplo, em Fante (2005), diz que o *bullying* é um desejo inconsciente e deliberado de maltratar outra pessoa e que resulta em um conjunto de comportamentos agressivos que se tornam intrínsecos às relações interpessoais, nas quais indivíduos mais fortes se divertem à custa de indivíduos mais fracos. Ou em Lopes Neto (2005), segundo a qual *bullying* são atitudes agressivas que ocorrem sem motivação evidente e em uma relação desigual de poder; e pode ser comparada à definição de preconceito dada por Crochík (2006, p. 115), para quem ele é "engendrado pela cultura e [...] se caracteriza pela hostilidade manifesta ou sutil dirigida àqueles que são considerados frágeis". Em todos os casos há referência à hostilidade/agressão e à relação de poder em que a vítima é vista como "socialmente" mais fraca. Porém, a definição de Lopes Neto (2005) refere-se à ausência de motivação, e a de Fante (2005), ao propósito de maltratar.

No entanto, tanto a ausência de motivação quanto o propósito de maltratar o outro conferem ao conceito de *bullying* a proximidade com o preconceito. Segundo Adorno e Horkheimer (1985), a aparente falta de motivação das agressões dá base para a argumentação de que elas se caracterizam como uma válvula de escape, um sintoma, uma espécie de vingança desencadeada contra aquele que, desamparado, chama a atenção. Também o propósito de maltratar não é de todo falso. Ele se relacionaria com o desejo de libertar-se da opressão social, voltando-se contra os considerados mais frágeis, a fim de fazer que estes também sintam essa pressão, além de obter gratificações emocionais que, contudo, não ocorrem. Como uma tentativa de "cura" de um mal-estar, como coloca Kehl (2004), essas atitudes denunciam o perecer dos próprios sujeitos. Porém, elas não desfazem de fato o mal-estar, e é por isso que tenderiam à repetição.

Além disso, a tipologia dos comportamentos agressivos que os divide em físicos, verbais, indiretos e exclusão social, baseada em nada mais que a pura observação sistemática, parece se aproximar, individualmente, dos mecanismos de defesa encontrados por Jahoda e Ackerman (1969) nos sujeitos com predisposição ao preconceito. Baseando-se nesses indícios, o preconceito parece não ser uma das causas do *bullying*, mas ambos parecem se remeter ao mesmo fenômeno real, pelo menos quando o preconceito se encontra manifesto. Desse modo, pode-se considerar que o ressentimento que o agressor de *bullying* sente provoca uma angústia que se transforma em agressão. Essa agressão, por sua vez, se daria ou pela evitação do contato com o outro, ou pela oposição franca e deliberada. Assim, questiona-se: será que os comportamentos agressivos do *bullying* – exclusão social, violência física, verbal e indireta – são, na realidade, manifestações dos mecanismos de defesa dos sujeitos? Mecanismos que são intrinsecamente articulados ao social e vice-versa? Caso essa análise esteja correta, então o próprio *bullying* seria apenas o que está na superfície das relações sociais, mas que tem sido identificado, pelos pesquisadores e pela mídia, como causa de uma perturbação social? Com o objetivo de estabelecer uma base teórica para pensar essas questões, será explicitado, a seguir, o conceito de preconceito utilizado neste trabalho.

CAPÍTULO III

O PRECONCEITO

A perspectiva teórica utilizada aqui para compreender o preconceito é a da Teoria Crítica da Sociedade e utiliza como pano de fundo um dos principais trabalhos de autores relacionados ao tema, intitulado *A personalidade autoritária*, e o capítulo da *Dialética do esclarecimento* denominado "Elementos do Antissemitismo", além de alguns de seus comentadores e desdobramentos desses mesmos trabalhos. Segundo Alves Jr. (2003), a pesquisa denominada "A personalidade autoritária" relaciona-se a outros estudos iniciados pelo Instituto de Pesquisas Sociais, na década de 1940, cujo objetivo era "fornecer armas contra o fascismo, que se considerava possivelmente latente na sociedade americana" (Alves Jr., 2003, p. 77). Nessa pesquisa, Adorno retoma a noção de uma relação mediada entre comportamento político, como opiniões, valores e atitudes, e a estrutura da personalidade.

Wiggershaus (2006) comenta que o projeto do antissemitismo, realizado durante a estada dos intelectuais da Escola de Frankfurt no "Novo Mundo", ocorreu em uma época em que, por mais que os judeus fossem perseguidos e exterminados na Europa, os Estados Unidos continuavam com uma política de cotas para o recebimento desses imigrantes. Essas cotas, além de bastante restritas, não eram completamente utilizadas por conta das limitações burocráticas impostas. A passividade desse país perante os acontecimentos nazistas trouxe a suspeita de que por trás de um discurso de democracia se escondia um grau de antissemitismo, ou seja, esse preconceito havia, há algum tempo, atravessado o Atlântico, embora a recusa em confessar sua existência estivesse presente quase que em totalidade. Sobre isso escreveram autores como George Orwell e Allen L. Edwards. Segundo Adorno (1995b), pensar em uma investigação sobre o antissemitismo foi um empreendimento de Horkheimer em vista dos acontecimentos europeus. No entanto, de acordo com Wiggershaus (2006), com o início da Segunda Guerra, a situação piorou, uma vez que os judeus passaram a ser vistos nos EUA como aqueles que "evitariam prestar serviço militar e seriam, ao mesmo tempo, os maiores beneficiários da guerra" (Wiggershaus, 2006, p. 383), e no final dela, ao invés de diminuído, o fascismo poderia ter aumentado. O receio de que esse pensamento se tornasse hegemônico fez que os estudos sobre o antissemitismo fossem repensados e iniciados o mais rapidamente possível, a partir da conquista de um financiamento. Inicialmente, este seria um projeto realizado em conjunto por Neumann, Horkheimer, Adorno, Lazarsfeld, Marcuse, Lowënthal e Pollock.

Como um modo de assegurar o financiamento por parte de um grupo, em determinado sentido, tradicional, o *American Jewish Committee*, esse projeto continha, mesmo contraditoriamente aos escritos da *Dialética do Esclarecimento*, princípios da ciência moderna criticados, como suas hipóteses sobre "as tendências destrutivas que fundamentavam o antissemitismo" (Wiggershaus, 2006, p. 389). Fazia parte desse projeto também a análise dos discursos e dos artigos dos agitadores fascistas, em seus conteúdos, para descobrir quais os estímulos que constituíam o apelo às massas. Essas análises deram origem a algumas comunicações científicas e posteriores publicações (Wiggershaus, 2006).

Segundo Carone (2002), os estudos sobre preconceito se preocuparam com duas questões: descobrir em cidadãos comuns traços essenciais e históricos do fascismo latente e analisar panfletos e discursos de militantes e líderes de organizações fascistas. É a primeira questão, que se preocupa com as predisposições

Capítulo III
O preconceito

psicossociais para o fascismo, que compõe a pesquisa que resultou no livro *A personalidade autoritária*. É importante ter em mente que essas pesquisas não se referiram ao fascismo de Estado, tal como no Terceiro Reich na Alemanha, mas, sim, aos traços fascistas, ou mentalidade fascista, presentes, de forma velada ou não, nas sociedades modernas democráticas, como nos Estados Unidos, onde o trabalho foi realizado (Carone, 2002).

No entanto, para Horkheimer, tal como escreveu em uma carta para Marcuse em 17 de julho de 1943, o importante para o seu projeto era compreender a formação do homem no contexto de uma sociedade antagonista como a existente, na interdependência de fatores econômicos, políticos e antropológicos:

> O problema do antissemitismo é muito mais complicado do que eu pensava no início. Por um lado, nós temos que diferenciar radicalmente entre os fatores econômico-políticos, que o causam e o usam, e os elementos antropológicos no tipo de homem presente que responde à propaganda antissemita como poderia responder a outros incentivos opressivos; por outro lado, nós devemos mostrar esses fatores em sua constante interconexão, e descrever como eles permeiam um ao outro. (Horkheimer, 1996, p. 463)

Contudo, não acreditando que a psicologia por si só seria um meio de solucionar a questão do preconceito, sua utilização dá-se como uma antropologia da teoria do homem que se desenvolveu nesta sociedade:

> É minha intenção estudar a presença do esquema de dominação na então chamada vida psicológica, os instintos assim como os pensamentos dos homens. As tendências nas pessoas que as tornam susceptíveis à propaganda do terror são, elas mesmas, o resultado do terror, opressão física e espiritual, atual e potencial. (Horkheimer, 1996, p. 464)

Para abarcar uma psicanálise que se integrasse às problemáticas do Instituto e aos objetivos de Horkheimer, foi analisada a tendência psicanalítica de Sanford, Frenkel-Brunswik e Levinson. Compreendeu-se que a concepção que eles tinham sobre a personalidade, e o modo como esta englobava comportamentos e convicções conscientes e aspirações profundas, bem como os procedimentos que utilizavam (questionários, entrevistas e testes psicológicos indutivos), poderiam cumprir satisfatoriamente esse papel. Desse modo, esse grupo de psicologia da Universidade de Berkeley passou a integrar a pesquisa sobre o antissemitismo (Wiggershaus, 2006).

Assim, a adoção de uma explicação para o antissemitismo, pautada em bases subjetivas, não fez que o preconceito deixasse de ser compreendido "no contexto de uma teoria crítica da sociedade objetivamente orientada" (Adorno, 1995b, p. 160), assim como não ignorou o papel do sujeito. Para Adorno:

> [...] não nos tornamos ariscos em relação à psicologia, mas sim lhe outorgamos em nosso projeto o valor que lhe correspondia como um momento da explicação. Mas nunca duvidamos da primazia dos fatores objetivos sobre os psicológicos. Ativemo-nos à ideia, a meu ver plausível, de que, na sociedade contemporânea, as instituições e tendências objetivas de desenvolvimento adquiriram tal predomínio sobre as pessoas individuais, que estas se transformaram, aliás em medida visivelmente crescente, em funcionários das tendências que se impõe sobre suas cabeças. (Adorno, 1995b, p. 160)

Para os autores, a psicologia oferece a "mediação subjetiva do sistema social objetivo" (Adorno, 1995b, p. 161). Mesmo as análises que aparecem orientadas pelo que é subjetivo apenas têm valor dentro da teoria objetiva que considera os homens moldados de fora, inclusive no que lhes é mais íntimo, tendo

Capítulo III
O preconceito

em vista a divergência entre o que a sociedade promete aos seus membros e aquilo que ela de fato lhes propicia. A noção é a de que cada época produz os sujeitos capazes de mantê-la e reproduzi-la (Adorno, 1995b).

Horkheimer e Flowerman (1969) consideram que o trabalho realizado por Adorno, Frenkel-Brunswik, Levinson e Sanford, e apresentado no livro *The authoritarian personality* (A personalidade autoritária), buscou, sobretudo, encontrar o que na psicologia do indivíduo o leva ou não a ser preconceituoso e a responder favoravelmente aos discursos fascistas, sem desconsiderar o outro fator importante do preconceito que é a própria situação social, ou seja, os estímulos externos aos sujeitos com os quais tais predisposições reagem. Embora seja um estudo de natureza essencialmente psicológica, o comportamento individual é explicado em termos de vivências sociais tanto antecedentes quanto concomitantes a ele, como pressões grupais e determinantes sociológicos em dadas situações. Segundo Adorno e colaboradores (1969), embora a personalidade consista em disposições para agir de uma maneira ou de outra, o comportamento sempre depende de uma situação objetiva; por isso sua pesquisa atentou ao indivíduo para quem a propaganda fascista é designada, levando em conta não apenas sua estrutura psicológica, mas a situação objetiva total na qual vive. Para Horkheimer e Flowerman (1969), o objetivo não era suscitar, por meio da pesquisa, imediatamente uma erradicação do preconceito, mas explicá-lo e compreendê-lo cientificamente, o que poderia gerar remediações no âmbito de uma educação lógica, de uma "imunização" por meio do conhecimento de suas próprias dinâmicas individuais e da dinâmica social, como dos métodos utilizados pelos agitadores fascistas, por exemplo. Metodologicamente, a pesquisa que deu origem ao livro *A personalidade autoritária* foi fundamentada na aplicação de escalas [antissemitismo (AS), etnocentrismo (E), conservantismo político econômico (PEC) e fascismo (F)], teste de apercepção temática, questionários e entrevistas (Adorno et al., 1969).

O livro, nesse sentido, com implicações tanto práticas quanto teóricas, refere-se, por sua vez, a um novo homem chamado "autoritário", com tendências conflitantes, cujas ideias e características são típicas de uma sociedade altamente industrializada com crenças irracionais ou antirracionais. Entretanto, para seus autores, não se trata de um problema de posição de minorias na sociedade moderna, ou de questões religiosas e raciais que poderiam simplesmente ser solucionadas por meio de uma propaganda de tolerância ou pela refutação apologética dos erros e mentiras. Por outro lado, consideram que uma elucidação científica sincera e sistemática do preconceito, com significância histórica, pode contribuir diretamente para a mudança da própria atmosfera cultural (Horkheimer, 1969).

É importante ressaltar que embora o foco inicial do estudo tenha sido o antissemitismo, com o avanço do trabalho, sua ênfase mudou gradualmente. Segundo Adorno e colaboradores (1969), ela passou da análise do antissemitismo, ou de outro preconceito contra minorias, ao exame das relações do preconceito com padrões ideológicos e caracterológicos mais amplos. Assim, o antissemitismo tornou-se apenas um tópico entre outros.

O PRECONCEITO À LUZ DA TEORIA CRÍTICA

Os psicanalistas Jahoda e Ackerman também integraram a pesquisa sobre o antissemitismo (Wiggershaus, 2006), realizando seus estudos no Departamento de Pesquisas Científicas do *American Jewish Committee* entre os anos de 1944 e 1945. De acordo com Alves Jr. (2003), o conceito de preconceito em *A personalidade autoritária* aproxima-se do conceito utilizado por esses psicanalistas no trabalho denominado *Distúrbios emocionais*

Capítulo III
O preconceito

e antissemitismo, e, segundo Crochík (2006), embora ambos os estudos tratem do preconceito com relação ao antissemitismo, tal hostilidade é passível de ser voltada para diversos outros grupos. Tal como Adorno e Horkheimer (1985), considera a intercambialidade das vítimas de acordo com a conjuntura. Nessa mesma direção, Rouanet afirma que "o preconceito é uma energia móvel, infinitamente plástica, mobilizável *ad libitum* por uma estrutura cultural cuja única lei é o estereótipo" (1998, p. 192). Para Carone (2002), essa é uma das questões mais importantes do estudo sobre o preconceito: todo aquele que mostra predisposições antissemitas é predisposto também a discriminar vários outros grupos étnicos e culturais, uma vez que tende a idealizar o grupo e o líder com os quais se identifica e projetar qualidades negativas nos outros grupos objetos de preconceito.

Assim, Jahoda e Ackerman (1969, p. 27) caracterizam o preconceito como "uma atitude de hostilidade nas relações interpessoais, dirigida contra um grupo inteiro ou contra os indivíduos pertencentes a ele, e que preenche uma função irracional definida dentro da personalidade". No entanto, ele não diz respeito apenas aos sujeitos singulares, pois, para serem compreendidos, é necessário analisar também o ambiente cultural e social no qual se desenvolvem. Ambiente que se por um lado é responsável pela constituição dos sujeitos, por outro, pode também ser responsável por sua rigidez diante dos outros.

A pesquisa dos autores supracitados baseou-se em estudos clínicos psicanalíticos, pretendendo ampliar os conhecimentos já existentes a respeito dos comportamentos antissemitas. Diferenciam os conceitos de preconceito, pré-conceito e pensar estereotipado. Segundo eles, pré-conceito, no sentido etimológico amplo, caracteriza-se por generalizações que contribuem para a economia de esforços intelectuais, e é fundamentado na experiência incompleta dos fatos, não levando em conta as diferenças individuais. Já o pensar estereotipado é caracterizado por uma atitude de rigidez perante os objetos, mesmo quando existe a necessidade real de revisão dos conceitos. O preconceito encontra-se entre estes conceitos: é uma subcategoria do pré-conceito e apoia-se no pensar de maneira estereotipada. Porém, ele não se confunde com os dois, na medida em que se soma ao pensar estereotipado, gerado por generalizações anteriores, às experiências incompletas na relação com os fatos e objetos e à racionalização de uma hostilidade na verdade irracional e enraizada na personalidade dos indivíduos.

Baseando-se no conceito de preconceito explicitado, Jahoda e Ackerman (1969) apresentam uma definição ampla de antissemitismo, que, para eles, é "toda manifestação de hostilidade, de palavra ou de fato, moderada ou violenta, contra os judeus como um grupo, ou contra um judeu em particular porque pertença ao dito grupo" (p. 46). Aqui, segundo os autores, permite-se incluir o preconceito contra si mesmo (autorrepúdio), além de possibilitar o estudo a respeito de sua origem irracional. A ideia da pesquisa foi coletar, nas entrevistas clínicas realizadas por psicanalistas, dados que pudessem levar à descoberta do momento inicial dos comportamentos antissemitas por meio da reconstrução da história de vida e da investigação do papel simbólico desempenhado no desenvolvimento da personalidade, além de sua função, no período da entrevista, na vida do sujeito. Ou seja, os aspectos sociais, políticos e econômicos contemporâneos ao indivíduo não deixam de ser admitidos como fatores determinantes do desenvolvimento de sua personalidade, principalmente quando se sedimentam por meio de ações orientadoras e coercitivas. A função psicológica dessas atitudes, seus determinantes históricos e a ação de fatores externos sobre a existência efetiva delas estão, na realidade, em constante ação recíproca.

Crochík, autor do livro *Preconceito, indivíduo e cultura*, alerta logo no início que embora a manifestação do preconceito seja individual e, como apontam Jahoda e Ackerman (1969), corresponda às necessidades irracionais dos sujeitos, ele "surge no processo de socialização como resposta aos conflitos aí então gerados" (Crochík, 2006, p. 13). Do mesmo modo, para Adorno e Horkheimer (1973):

> Essas características psíquicas, por seu turno, são o produto de fenômenos contemporâneos tais como a desintegração da propriedade média, a crescente impossibilidade de uma existência econômica autossuficiente, certas transformações na estrutura da família e certos erros na direção da economia. (p. 173)

Fica claro, até aqui, que, na análise do que é o preconceito, não é possível separar psicologia e sociologia. Adorno (1991) considera que a separação entre sociedade e psique se refere a uma falsa consciência, uma vez que essa ruptura, levada a sério nas ciências, eterniza a cisão entre o sujeito e a objetividade que impera sobre ele e, não obstante, é ele que também a produz e/ ou a mantém. Assim, de acordo com Alves Jr. (2003), o preconceito, ou – para ser fiel ao seu estudo – o antissemitismo, é uma expressão, nos sujeitos, da realidade que eles vivenciam. Realidade que, na sociedade tardio-capitalista, culmina no colapso da individuação.

Essa discussão remete diretamente à crítica ao esclarecimento (*Aufklärung*), ou melhor, às análises das vicissitudes da razão no processo civilizatório ocidental, realizadas por Adorno e Horkheimer. Tal processo tornou o princípio de ajustamento à realidade, ideológica, uma questão primordial e irrestrita. Considerando-se o processo civilizatório ocidental, a busca por um senhorio sobre a natureza e a substituição do mito pela técnica, mas sem aprofundar aqui a discussão sobre os caminhos e descaminhos da razão, já realizada no segundo capítulo da primeira parte, algumas pontuações são importantes para a compreensão da função que a sociedade e a cultura contemporâneas, frutos do esclarecimento totalitário, exercem na existência do preconceito – seja ele uma ação direta contra alguém ou algum grupo, seja uma concepção estereotipada sobre eles que se restrinja ao campo do pensamento e não chegue à ação concreta. A sociedade é vista, por Adorno e Horkheimer (1973), como essencialmente dinâmica, pois diz respeito às relações entre os homens, e não à soma ou à aglomeração de indivíduos em separado, abrangendo a unidade do geral e do particular:

> No seu mais importante sentido, entendemos por "sociedade" uma espécie de contextura formada entre todos os homens e na qual uns dependem dos outros, sem exceção; na qual o todo só pode subsistir em virtude da unidade das funções assumidas pelos coparticipantes, a cada um dos quais se atribui, em princípio, uma tarefa funcional; e onde todos os indivíduos, por seu turno, estão condicionados, em grande parte, pela sua participação no contexto geral. Assim, o conceito de sociedade define mais as relações entre os elementos componentes e as leis subjacentes nessas relações do que, propriamente, os elementos e suas descrições comuns. (p. 25-26)

Entende-se que a compreensão das transformações no âmbito da sociedade e do humano só é possível por meio do reconhecimento da dinâmica econômica, da chamada "tarefa funcional" dos indivíduos, ou seja, do processo de reprodução material da vida, determinante do curso da história e das mudanças na relação da humanidade com a natureza. Desse modo, o processo econômico é concebido aqui como o fundamento determinante; assim, todas as esferas da vida social têm constante relação com ele e devem ser compreendidas nessa mesma dinâmica. A própria cultura deve ser inserida aqui, tal como suas esferas: hábitos, costumes, religião, ciência, filosofia etc. (Horkheimer, 1990). Fica clara, até o presente momento, a influência de Marx e Engels

(1998) na compreensão material da sociedade adotada aqui. Para esses autores, tudo o que parece exclusivo da subjetividade é reflexo das ideologias contidas no processo vital, ou seja, é resultante do processo de vida material, incluindo a moral, a religião, a metafísica etc. Segundo eles, "o que os indivíduos são depende, portanto, das condições materiais da sua existência" (p. 11), e, além disso, "a produção das ideias, das representações e da consciência está, a princípio, direta e indiretamente ligada à atividade material e ao comércio material dos homens" (p. 18).

Sabe-se que a divisão do trabalho utilizada como meio para a satisfação das necessidades materiais da sociedade é concebida desde Platão, envolvendo a importância da adaptação dos sujeitos para a vida em comunidade, e, naquele momento, tal divisão conservava a própria humanidade como seu objetivo (Adorno; Horkheimer, 1973). No entanto, à medida que as sociedades ocidentais evoluíram, a adaptação, cujo objetivo era o próprio ser humano, passou a ser um equivalente da coação – mais do que relacionada às punições estabelecidas diretamente pelos homens individuais, ela se realiza, atualmente, a partir da necessidade de sobrevivência que não está garantida. Embora as condições materiais para tal já tenham sido alcançadas, elas estão limitadas a determinados estratos sociais e utilizadas como recompensa (ilusória) para os sujeitos bem adaptados (Horkheimer, 1990). Aliás, essa é uma característica ambígua própria desta cultura que, de acordo com Crochík (2006), permanece presa entre tendências progressistas e regressivas, ou seja, ao mesmo tempo em que cada vez mais novas descobertas no âmbito da ciência e da tecnologia são realizadas, aumentando assim a quantidade de bens disponíveis, essa mesma produção se torna excludente, pois não se dirige de fato às necessidades materiais dos homens, mas serve ao mecanismo de retroalimentação do capitalismo.

Segundo Amaral (1997), a sociedade contemporânea impõe-se de maneira hegemônica aos indivíduos. Os campos cultural e político integraram-se no interior da esfera econômica e fundiram-se em um sistema de dominação onipresente. A ideologia passou a compreender a totalidade dos produtos culturais a fim de garantir a adaptação dos indivíduos à sociedade e assim "deixou de exercer exclusivamente a função de mera reprodutora da ordem existente, passando a assumir uma função na própria economia psíquica do sujeito individual" (Amaral, 1997, p. 26).

Adorno e Horkheimer (1973) afirmam que as condições gerais para a existência da pseudoconsciência nos indivíduos já eram enfatizadas no início da moderna sociedade burguesa, entre o final do século XVI e o início do século XVII. Porém, de acordo com Crochík (2006), isso se tornou predominante quando o capitalismo liberal do século XIX foi substituído pelo capitalismo dos monopólios do século seguinte, cuja relação é interdependente do predomínio do geral sobre o particular, da racionalidade burocrática, do pensamento estereotipado e da "paralisia do movimento de esclarecimento no que tange à emancipação social" (p. 125); e – por que não dizer – também dos indivíduos, embora se reconheça aqui a influência de Kant (1974) e de sua concepção de esclarecimento que considera natureza da razão sua essência social e, portanto, que a autonomia só pode ocorrer universalmente.

A lógica administrativa, que outrora era exclusiva das organizações produtoras de bens materiais, passou a servir como modelo para a constituição dos próprios sujeitos. A capacidade crítica e atuante dos homens que ainda pode ser encontrada no ideário liberal, uma vez que ele, ao pregar a liberdade econômica, não separa os âmbitos da política e da realidade, foi se tornando desnecessária ou, até mesmo, "indesejável" com o decorrer do processo de transformação econômica. O capitalismo do século XX, para se sustentar, teve de tornar fixas as condições sociais de desigualdade, ligadas principalmente à esfera da produção material. Para Crochík (2006):

Capítulo III
O preconceito

[...] o ideário liberal pregava a concomitância da liberdade econômica com a liberdade política e obrigava a coexistência da consciência de si e a consciência da coletividade. O princípio da própria economia capitalista, contudo, é contrário àquela dupla consciência, uma vez que obriga os indivíduos a cuidarem de si quer na obtenção do lucro, quer na obtenção do salário. Isso enfraquece tanto a consciência voltada àquilo que é público, como a liberdade política que se submete aos interesses econômicos. (p. 125-26)

A consciência do coletivo está danificada, e a liberdade política submetida aos interesses do capitalismo, assim como a sobrevivência individual no âmbito desta sociedade está tanto danificada quanto submetida, pois o indivíduo não está, como pretende tornar verdade a ideologia dominante atual, independente do coletivo, da política e da economia. Assim, segundo Adorno e Horkheimer (1985):

> Se no liberalismo, a individuação de uma parte da população era uma condição da adaptação da sociedade em seu todo ao estágio da técnica, hoje, o funcionamento da aparelhagem econômica exige uma direção das massas que não seja perturbada pela individuação. A orientação economicamente determinada da sociedade em seu todo (que sempre prevaleceu na constituição física e espiritual dos homens) provoca a atrofia dos órgãos do indivíduo que atuavam no sentido de uma organização autônoma de sua existência. (Adorno; Horkheimer, 1985, p. 190)

Também a ideologia, que nesse momento não passa "de uma cega constelação de poder" (Adorno; Horkheimer, 1985, p. 191), bem como a sua função, é desenvolvida de acordo com o movimento histórico real da sociedade (Adorno; Horkheimer, 1973). Atualmente, ela tem uma relação intrincada com o pensamento moderno, filho legítimo do espírito burguês, que considera "suficiente pôr a consciência em ordem para que a sociedade fique ordenada" (Adorno; Horkheimer, 1973, p. 191). Esse pensamento, a essência da ideologia nessa sociedade, se faz presente em toda sociedade que já desenvolveu uma economia urbana de mercado. Além disso, embora ideologia seja falsa consciência, ela não é só falsa, e este é seu problema dialético:

> A ideologia contemporânea é o estado de conscientização e de não conscientização das massas como espírito objetivo, e não os mesquinhos produtos que imitam esse estado e o repetem, para pior, com a finalidade de assegurar a sua reprodução. A ideologia, em sentido estrito, dá-se onde regem relações de poder que não são intrinsecamente transparentes, mediatas e, nesse sentido, até atenuadas. (Adorno; Horkheimer, 1973, p. 193)

O fato é que as mesmas forças que destroem a sociedade podem ser encontradas em seu próprio interior, pois surgem do processo social como algo autônomo, substancial e dotado de legitimidade. Entre a sociedade em si mesma e a compreensão social de sua natureza é interposta uma cortina que, ao mesmo tempo que impede que se desmascare essa rede ideológica, é sua própria expressão. Socialmente condicionada, a falsa consciência já não é uma mera expressão do espírito objetivo com base no processo social, mas algo adaptado à sociedade de modo científico (Adorno; Horkheimer, 1973).

De acordo com estes mesmos autores, essa adaptação ocorre mediante o consumo – em grande medida na forma de adesão imediata e irrefletida – dos produtos da indústria cultural, "como o cinema, as revistas, os jornais ilustrados, rádio, televisão, literatura de *best-seller* dos mais variados tipos..." (Adorno; Horkheimer, 1973, p. 201-202). Tais produtos podem hoje ser acrescidos de outros, como os computadores pessoais e

Capítulo III
O preconceito

a internet, os *videogames* e seus jogos, os telefones celulares com múltiplas funções, enfeites e falsas individuações etc. De todos eles emanam estereótipos que agridem e violentam os homens, pois os ramos que englobam a indústria cultural estão, em conjunto, subordinados "a uma direção orgânica que converteu o todo num sistema coeso" (Adorno; Horkheimer, 1973, p. 201) com a finalidade de controle social, do qual nenhuma fuga é tolerada, ou mesmo possível:

> Temos aqui a produção sintética da identificação das massas com as normas e condições que regem anonimamente a indústria cultural ou que a propagam – ou com ambas. Qualquer voz discordante é objeto de censura e o adestramento para o conformismo estende-se até às manifestações psíquicas mais sutis. Neste jogo a indústria cultural consegue apresentar-se como espírito objetivo, na mesma medida em que readquire, em cada vez maior grau, tendências antropológicas em seus clientes. Ao apegar-se a essas tendências, ao corroborá-las e proporcionar-lhes uma confirmação, pode simultaneamente eliminar ou até condenar, de forma explícita, tudo o que rejeitar a subordinação. (Adorno; Horkheimer, 1973, p. 202)

Os bens culturais que aparecem aqui são elaborados de modo a parecerem perfeitamente ajustados aos quais se destinam, contudo, consistem mais em um conjunto de comportamentos-modelo adequados à hegemonia das condições sociais vigentes do que em características próprias dos sujeitos em processo de individuação, autonomia e emancipação. A essa mentira, os homens se adaptam (Adorno; Horkheimer, 1973).

Essa adaptação e esse ajustamento condizem com o que Adorno e Horkheimer (1973; 1985) chamaram de *Ticket-Denken* (pensamento de *ticket*). Segundo eles, trata-se da mecanização e da padronização dos próprios indivíduos, que têm de se adaptar e enfrentar as exigências do mundo mecanizado e burocratizado. Essa mentalidade é fruto da industrialização e de sua propaganda. Sua característica é a utilização de estereótipos e juízos de valor estabelecidos antecipadamente que tornam o pensar desnecessário e não produtivo. Aqui se substitui a experiência pelo clichê, e a recepção ávida toma o lugar da imaginação ativa concernente àquela. A estereotipia faz-se em vez do trabalho categorial e resulta no apoio dos juízos sobre o mundo e sobre os outros, em uma subsunção cega (Adorno; Horkheimer, 1985).

Löwenthal (1998), ao discorrer sobre indivíduo e terror, considera que este último não é uma característica específica dos regimes totalitários, mas está presente no próprio liberalismo, quando, por meio da produção em massa, os homens passam a viver por modelos e padrões materiais e espirituais, curvando-se aos sistemas de "pensamentos" e comportamentos de modo estereotipado, aos *tickets* socioculturais, deixando de lado a razão e a experiência.

Exatamente com isso, ou seja, com a propagação e fixação de tais estereótipos (e com o próprio terror), colabora também a indústria cultural, que orienta no sentido de informar não apenas sobre mercadorias, mas sobre as imagens de poder às quais se deve aderir (Adorno; Horkheimer, 1985). Com relação propriamente ao antissemitismo difundido pelos nazistas, ou seja, ao preconceito voltado aos judeus, "quando as massas aceitam o *ticket* reacionário contendo o elemento antissemita, elas obedecem a mecanismos sociais nos quais as experiências de cada um com os judeus não têm a menor importância" (Adorno; Horkheimer, p. 187). No entanto, não é apenas o conteúdo do *ticket* que é antissemita, mas a mentalidade que ele produz. Como resultado, surgem sujeitos cada vez menos autônomos, que precisam cada vez mais de modelos de identificação e autoridades para permanecerem vivos e suportarem as pressões diárias:

Capítulo III
O preconceito

Quanto mais enfraquece a relação entre o destino de uma pessoa e o seu juízo autônomo, quanto mais se limita a possibilidade de optar pela realização de outra coisa que não seja a inclusão em organismos e instituições onipotentes, tanto melhores são as condições daqueles indivíduos que mais rapidamente abdicaram de suas opiniões pessoais e de sua própria experiência, e que concebem o mundo da forma que melhor convém à organização que decide o seu porvir. (Adorno; Horkheimer, 1973, p. 181)

No entanto, embora as ideologias, os estereótipos e a mecanização dos processos sociais independam do indivíduo singular e sejam resultado de processos históricos, bem como de eventos contemporâneos à existência do sujeito, para Adorno e colaboradores (1969), aderir a uma ou mais ideologias tem para cada um exatamente essa função de ajustamento e adaptação referida antes. É claro que, em determinada medida, ela é também indispensável para a vida em sociedade (Adorno, 1995a). Assim, tal adaptação envolve a relação estabelecida entre o sujeito e a sociedade durante o seu desenvolvimento, principalmente na infância, mas que é reforçada durante toda a vida. Nesse constante ajustamento à realidade que reforça e reproduz a heteronomia dos sujeitos, conforme pôde ser compreendido há pouco, aquelas ideologias têm para cada um diferentes graus de apelo, pois isso depende das necessidades individuais e do grau com que essas necessidades são satisfeitas ou frustradas.

Baseando-se na psicanálise freudiana, Adorno e colaboradores (1969) apresentaram, no estudo sobre a personalidade autoritária, uma operacionalização do conceito de personalidade, de acordo com os objetivos do estudo em questão. Nesse trabalho, a personalidade é considerada uma organização de necessidades, ou de forças no indivíduo, que se compõem de desejos primários que variam, de um indivíduo para outro, em qualidade, intensidade, modos de gratificação e objetos de desejo. Elas podem interagir com outras necessidades de maneira harmônica ou conflituosa; assim, existem necessidades emocionais primitivas que evitam se tornarem públicas para a adaptação social e outras que mantêm harmonia e integração com o *self*. Mesmo cientes de que aderir a opiniões, atitudes e valores depende dessas necessidades e de que a personalidade é uma organização de forças, ela não pode ser examinada como o determinante último das preferências ideológicas. Considera-se que a personalidade não é dada desde o início, mas envolve o impacto social no qual se desenvolveu; assim é, em determinada medida, uma agência em que as influências sociais estão mediadas. Não cabe aqui, portanto, qualquer persistência em atribuir aos sujeitos, como algo inato, básico ou racial, o preconceito ou a agressividade voltada contra outros. Nesse mesmo sentido, Adorno e Horkheimer (1973) consideram que a vida humana é, por essência, convivência, troca, comunicação com os outros e participação, e não causalidade pura e simples. Uma pessoa só é definível por seu caráter social.

A maior influência no desenvolvimento da personalidade ocorre na infância, durante a vida familiar. Esta, por sua vez, é influenciada por fatores sociais e econômicos que agem diretamente sobre os comportamentos dos pais no trato com seus filhos e com sua vida como um todo. Desse modo, mudanças nas condições sociais influenciam diretamente nos tipos de personalidade que irão se desenvolver na sociedade (Adorno et al., 1969).

Levando em conta, então, o desenvolvimento infantil como base, conforme descrito e explicitado por Freud (1989b)[1],

---

[1] *Três ensaios sobre a teoria da sexualidade* é uma das obras fundadoras da psicanálise, ao lado de A interpretação dos sonhos. Nela, Freud apresenta sua teoria da sexualidade infantil e do desenvolvimento do indivíduo, questões que são desenvolvidas ao longo de sua vida. Um ponto importante para a apreensão da psicanálise pelos frankfurtianos é o fato de que Freud não sujeita o objeto a partir de uma teoria, mas constrói um pensamento a partir do que o objeto mostra, no caso, suas pacientes na clínica. Sem desconsiderar a sociedade como mediadora desse desenvolvimento, o autor aponta para algo que seria inato a todos os seres

de acordo com Rouanet, e utilizando-se ainda de uma argumentação fornecida pelos freudo-marxistas, a ideologia enraíza-se nos sujeitos

[...] no curso do processo de socialização, através das sucessivas privações pulsionais que a instância familiar, e posteriormente as outras instâncias, vão impondo ao indivíduo. O processo pelo qual os diferentes objetos de amor vão sendo abandonados, no curso do desenvolvimento psicossexual, em que o indivíduo transita da fase oral para a fase genital, é acompanhado, em cada caso, de prescrições e proscrições, de imperativos éticos, de normas negativas e positivas, que correspondem, invariavelmente, aos valores sociais vigentes. (Rouanet, 1998, p. 23-24)

O desenvolvimento psicossexual culmina exatamente na constituição do *superego* quando, por meio da resolução do complexo de Édipo, as leis, as normas e o sistema de valores vigentes, encarnados na figura paterna, são introjetados pelo sujeito. Desse modo, quando ele chega à fase adulta, tem a sociedade em si mesmo e apresenta-se adequadamente susceptível à obediência à autoridade que se encontra mascarada nesse momento histórico em que a ideologia se confunde com a própria realidade (Rouanet, 1998). Exatamente por isso, hoje, a crítica à ideologia constitui-se a partir da crítica à realidade (Adorno, 1994b).

Porém, a simples introjeção da ideologia, dos valores e normas de conduta não garante uma equivalência entre os desejos individuais e os imperativos sociais. Ao contrário, ocorre o que os autores da Escola de Frankfurt chamaram de "reconciliação forçada". É na medida em que esse antagonismo, entre

---

humanos: Eros. A questão da relação entre psicologia e sociologia é colocada por Adorno (1991). Não obstante, a psicanálise é também, muitas vezes, alvo de críticas a esse respeito. Ver também, por exemplo, o aforismo "O eu é o id", em Adorno (1993, p. 54-55).

os desejos e necessidades individuais e as normas da cultura, se torna cada vez mais insuportável ao *ego*, que a agressividade para com o outro, mediada pela projeção como mecanismo de defesa, se apresenta como a manifestação material do preconceito. O outro é visto como um estranho, mas, ao mesmo tempo, como aquele que seria capaz de realizar seus desejos sendo, aos olhos do sujeito preconceituoso, alguém que assim se realiza integralmente como indivíduo e, por isso mesmo, por conta desse desejo de individuação impossibilitado de se realizar na sociedade massificada, lhe é familiar. Entretanto, mesmo isso é uma ilusão. É, como evidenciaram Adorno e Horkheimer (1985), uma falsa projeção, pois o outro está tão culturalmente submetido e tão incapaz de realizar-se como indivíduo quanto aquele que manifesta o preconceito, que, contudo, não consegue também ser plenamente o que a cultura lhe exige.

A falsa projeção, como essência e fundamento psíquico do antissemitismo e do preconceito de um modo geral, manifesta a incapacidade de o sujeito diferenciar no material projetado o que lhe é de fato característico e o que não é (Adorno; Horkheimer, 1985). De acordo com Amaral (1997, p. 40), ela "não permite nenhuma discriminação entre o mundo exterior e a vida psíquica, nem o afastamento necessário ao processo de identificação que engendraria, ao mesmo tempo, a consciência de si e a consciência moral". É, então, um mecanismo por meio do qual o sujeito procura se livrar dos impulsos que não admite como seus, por ter introjetado os valores autoritários da cultura, e os atribui – de maneira fantasiosa – ao outro. Esse comportamento, desencadeado em situações em que esses indivíduos se percebem livres enquanto sujeitos, parece, além de letal às pessoas envolvidas, ser sem sentido, assim como as constatações dos pesquisadores que insistem em não interpretar.

No entanto, a aparente falta de objetivo confere legitimidade à explicação de que isso se caracteriza como uma válvula de escape, um ressentimento desencadeado contra aquele que, desamparado, chama a atenção (Adorno; Horkheimer, 1985). Como o conteúdo da falsa projeção é irreconciliável com a realidade, ou seja, tanto as opiniões quanto as atitudes possuem um caráter irracional, ele pode ser chamado de sintoma. Porém, o elemento patológico do antissemitismo é para Adorno e Horkheimer (1985) não a projeção em si mesma, mas a ausência de reflexão que caracteriza sua falsidade. Essa ausência se dá em dois sentidos: na não reflexão sobre o objeto e sobre o próprio sujeito (autorreflexão), o que situa a incapacidade de diferenciação. No entanto, segundo Adorno e colaboradores (1969), o grau de relação entre ideologia e ação é uma questão de potencialidade, ou seja, enquanto alguns podem pensar e agir, outros podem apenas pensar de modo antidemocrático e preconceituoso.

Os grupos, ou mesmo os indivíduos isoladamente, alvos de preconceito, possuem certas características que determinam esse seu "destino". Longe de serem culpados pela agressividade que se volta contra eles, guardam estreita proximidade com os imperativos culturais: petulantes, apresentam-se como sua antítese. É claro que isso é uma ironia, uma vez que a antítese retifica a norma vigente, faz parte de sua história e tem um papel fundamental em sua conservação.

Auxiliado pelo sentido do desenvolvimento econômico e seu papel dentro dele, pela dinâmica do desenvolvimento das religiões, das sociedades, dos ideais e padrões de beleza e comportamento, segundo Adorno e colaboradores (1969), o objeto do preconceito deve ter características ou deve poder ser definido em termos de características que se harmonizam com as tendências psíquicas daquele que manifesta o preconceito, tendências estas criadas socialmente. Algumas são racionalizações que não têm a ver com a realidade, outras expressam suas próprias fraquezas, o que gera estímulos psicologicamente adequados para a destrutividade. Desse modo, o caráter funcional do antissemitismo torna-se evidente, ao se perceber que o grupo contra o qual se volta parece ser acidental. O fato é que quem sofre mais ferozmente a pressão social frequentemente pode tender a transferir essa pressão para outros, que, vistos como inimigos imaginários, se tornam vítimas. Parece que tais sujeitos, "para libertarem-se do peso que os oprime, voltam-se contra os que são mais débeis do que eles" (Adorno; Horkheimer, 1973, p. 182).

Pode-se perceber, então, que não é o preconceito, a barbárie por si mesma, esta violência irracional, que desfigura a ordem social; ao contrário, é a ordem estabelecida atualmente que não pode resistir sem desfigurar os próprios homens, ou seja, sem barbarizá-los. A perseguição do outro e a repugnância compulsiva do inimigo imaginário têm por essência a violência cotidiana, que se faz manifesta contra tudo aquilo que não conseguiu se ajustar totalmente, ou que fere as "certezas" sobre as quais o progresso se sedimentou (Adorno; Horkheimer, 1985).

A objetificação do processo social, sua obediência às leis supraindividuais intrínsecas, parecem resultar em uma alienação intelectual do indivíduo para com a sociedade. Essa alienação é experienciada pelo indivíduo como desorientação, como medo e incertezas constantes. As atitudes agressivas, estereotipadas e irrefletidas, sejam elas físicas ou psicológicas, que caracterizam o preconceito, oferecem ao sujeito gratificações emocionais e narcísicas que tendem a quebrar as barreiras da autocrítica racional, ao mesmo tempo que recrudesce a força do pensamento estereotipado, cujo fundamento está presente nos próprios produtos culturais. Tais gratificações podem ser o sentimento fugaz de poder e a identificação grupal, ou seja, a ilusão de uma alteridade que já não é garantida na sociedade administrada, que é, ela mesma, ideologia (Adorno *et al.*, 1969). Além disso, segundo Adorno e Horkheimer (1985), o que ocorre é um prazer na tentativa de destruir aquilo que incomoda, e é por isso que se mostra imune aos argumentos racionais sobre a inexistência de sua rentabilidade.

No que diz respeito propriamente à dinâmica psíquica dos indivíduos, Jahoda e Ackerman (1969) remetem-se a alguns mecanismos de defesa que agem nos sujeitos para os quais o preconceito é também uma defesa psíquica, deixando mais uma vez claro que "é preciso entender o antissemitismo como fenômeno ao mesmo tempo social e psicológico [e] resultará insuficiente qualquer explicação que busque as causas determinantes em um só plano deixando de lado o outro" (p. 115). Esses mecanismos são: projeção, negação, transformação da angústia em agressão, racionalização, fuga, oposição, deslocamento, formação reativa e compensação; e, segundo esses autores, há na maioria dos casos uma interação entre eles. Tem-se claro que estão presentes em todos os indivíduos e não estão exclusivamente ligados àquilo que aqui se denomina preconceito.

Aqui se explicita uma diferença nos conceitos psicanalíticos que Jahoda e Ackerman (1969) e Adorno e colaboradores (1969) utilizam em seus estudos. De acordo com Crochík (2006), os primeiros "ressaltam a constituição do eu e sua fragilidade, pontuando claramente essa fragilidade nos indivíduos pela ausência de conflitos, ou melhor, pela falta de sua delimitação" (p. 63), enquanto os segundos atentam, principalmente, para os conflitos relativos ao complexo de Édipo, à relação com a autoridade e ao *superego* resultante.

Explicitando, agora, os mecanismos de defesa citados por Jahoda e Ackerman (1969), de modo geral, a projeção é caracterizada como uma tendência do indivíduo a exteriorizar um conflito gerado pela necessidade de atribuir a outros determinadas qualidades e sentimentos que pertencem a ele mesmo. Essa necessidade é criada justamente quando não consegue lidar com os conflitos gerados, pelo fato de ele mesmo possuir tais qualidades e sentimentos (Jahoda; Ackerman, 1969). A projeção é, no sentido propriamente psicanalítico, operação pela qual o sujeito expulsa de si e localiza no outro – pessoa ou coisa – qualidades, sentimentos, desejos e mesmo 'objetos' que ele desconhece ou recusa nele [...]. (Laplanche; Pontalis, 2001, p. 374)

Ela está ligada à negação, na medida em que esta última se caracteriza pelo esforço, mais ou menos consciente ou inconsciente, de se libertar de elementos indesejáveis (Jahoda; Ackerman, 1969). Adorno e colaboradores (1969) acrescentam que ao outro, visto como um inimigo imaginário, é atribuído um poder excessivo, e a desproporção entre a relativa força social do objeto e sua suposta onipresença é por si mesma uma evidência da presença da projeção. De acordo com Horkheimer[2] (1996), a projeção da agressão é o fato psicológico mais óbvio do antissemitismo. Tal projeção está muito próxima aqui de uma ilusão paranoica, a qual também é comentada por Adorno e Horkheimer (1985). Segundo Jahoda e Ackerman (1969), a projeção vem sempre acompanhada da racionalização, um mecanismo que tem por finalidade não permitir que o sujeito tome consciência do conflito que veio à tona por meio da projeção. Trata-se de argumentos, muitas vezes "pseudorracionais", sobre o caráter do outro ou sua situação na sociedade. Ou seja, aquilo mesmo que Adorno e colaboradores (1969) denunciaram como atribuição de poder excessivo ao outro, característica da paranoia, e que Horkheimer (1996) acredita ser uma expressão da agressividade do próprio sujeito, mas que ele não quer ou não pode admitir.

A projeção aproxima-se daquele mecanismo apresentado previamente, sob o título de falsa projeção, utilizado por Adorno e Horkheimer (1985) para explicar as consequências individuais da chamada "reconciliação forçada" entre indivíduo e cultura. A diferença básica é que na falsa projeção o que é

---

[2] Em carta a Leo Löwenthal em 17 de março de 1944.

Capítulo III
O preconceito

projetado não pertence tanto ao indivíduo, mas à cultura que faz da própria identificação, ou "reconciliação", falsa. Isso porque, com isso, os sujeitos consumidores de seus produtos e suas ideologias inerentes não se tornam, de fato, indivíduos, e embora tenham introjetado "valores", ou um ideal de *ego*, não mudaram suas próprias características. Como explicitado anteriormente, o que falta à falsa-projeção é a diferenciação entre o mundo interno e o externo, é a capacidade de reflexão e afastamento necessários para a formação do eu. Assim, para uma falsa identificação, também há uma projeção falsa, talvez mais perigosa que a projeção neurótica.

Em sentido semelhante, Jahoda e Ackerman (1969) citam a introjeção como um mecanismo compensatório do plano psíquico. Segundo os autores, ela é

[...] o mecanismo pelo qual se cria uma personalidade emprestada [e] aparece de preferência em quem se torna antissemita principalmente para adaptar-se a um grupo determinado. Uma pessoa pode vir a fazer parte de um grupo, mercê de suas manifestações antissemitas: estas constituem assim uma verdadeira carta de recomendação para esse indivíduo que deseja ser aceito entre as pessoas. (p. 109-110)

Trata-se, portanto, de fabricar uma "personalidade de empréstimo", ao imitar um outro que goza de aceitação social no grupo dominante a que se pretende aderir.

Um outro mecanismo é transformar a angústia em agressão, que é "derivada de um íntimo sentimento de debilidade com relação aos perigos do mundo exterior" (Jahoda; Ackerman, 1969, p. 103). Tal angústia é acompanhada da incompreensão de sua causa verdadeira, que é tomada, então, como ameaças externas ao sujeito. Ela dá o impulso para a agressão que, mesmo atingindo o outro, o "inimigo imaginário", não a alivia.

117

A agressão pode se dar por meio da evitação (ou fuga) do contato com o outro ou da oposição franca e deliberada (Jahoda; Ackerman, 1969).

Já o deslocamento é caracterizado, por Jahoda e Ackerman (1969), como um ressentimento que se voltava inicialmente para determinados grupos, mas é transferido a outros. Segundo Laplanche e Pontalis, o processo de deslocamento faz que a importância, o interesse, a intensidade de uma representação se tornem suscetíveis de se destacarem dela "para passar a outras representações originariamente pouco intensas, ligadas à primeira por uma cadeia associativa" (2001, p. 116). Não se trata originalmente e necessariamente de um mecanismo de defesa, mas pode vir a ter uma função defensiva ligada à censura. Esta última é evidenciada como uma "função que tende a interditar aos desejos inconscientes e às formações que deles derivam o acesso ao sistema pré-consciente-consciente" (Laplanche; Pontalis, 2001, p. 64). No entanto, a censura "[...] só provoca deslocamento na medida em que recalca certas representações pré-conscientes" (Laplanche; Pontalis, 2001, p. 118). Ou seja, para que se dê o deslocamento, deve haver previamente um ressentimento para com um outro, um "inimigo imaginário" original. Porém, situações na vida do sujeito fazem que ele não possa expressá-lo, e, por meio da associação, o ressentimento é transferido para outro grupo ou pessoa, cujas características, de algum modo, se aproximam das do grupo contra o qual o preconceito originariamente se voltava.

No entanto, as diversas situações vividas pelo sujeito podem tornar qualquer mecanismo, que se desdobre em aversão, em algo diretamente prejudicial para a adaptação dele em determinado ambiente. Nesse caso, segundo Jahoda e Ackerman (1969), principalmente a agressão (entendida aqui como evitação e/ou oposição franca e deliberada) pode resultar em seu contrário, na formação reativa e na compensação. Na formação

Capítulo III
O preconceito

reativa, o sujeito transforma-se em um "defensor apaixonado" daquele contra o qual voltava o preconceito. Segundo Laplanche e Pontalis (2001), ela se caracteriza por ser uma atitude ou um hábito psicológico consciente que ocorre em sentido oposto a um desejo recalcado e inconsciente, mas com igual intensidade, e essa atitude constitui uma reação contra aquele desejo. A esse mecanismo está estreitamente vinculado um outro denominado compensação, pois ambos ocorrem com a mesma finalidade imediata, ou seja, adaptação e sucesso dos sujeitos em determinado ambiente, apesar dos sentimentos contrários àqueles que ali dominam. Desse modo, "o mecanismo de compensação representa uma tentativa de alcançar, em certas esferas, satisfações que contrapesem a frustração anterior" (Jahoda; Ackerman, 1969, p. 108), embora não chegue a cumprir seu objetivo. Muitas vezes, esses mecanismos, que tendem à "boa" consideração exagerada do outro, se alternam com a explosão do preconceito em forma de agressividade.

Adorno e colaboradores (1969) atentam para o fato de que é tão ilógico ser contra um grupo inteiro de pessoas, atribuindo-lhe uma série de defeitos, quanto o é ter um estereótipo agradável de todos os pertencentes ao grupo. O preconceito ou a aceitação acrítica de um grupo particular frequentemente existe na ausência de qualquer experiência com seus membros. Sem dúvida, pode existir a hostilidade baseada em uma frustração real gerada por membros de algum grupo, mas essas mesmas experiências, que são fenômenos isolados, transformam-se em um preconceito generalizado, e para essa generalização não há bases racionais.

Os mecanismos de defesa descritos, como uma expressão no indivíduo, requerem um entendimento da organização total da sociedade. O preconceito, que em muitos casos parece ser algo apenas potencial, pode vir a ser manifesto, e a resposta para isso não se encontra em uma personalidade particular, assim como não está em fatores da personalidade que podem ser encontrados nas massas, mas nos processos que ocorrem na própria sociedade. Se o pensamento antidemocrático é dominante, depende, em primeira instância, da maioria dos interesses econômicos e de estes, conscientemente ou não, usarem aquele para manterem seu *status* dominante. A despeito disso, as pessoas nem sempre se comportam em função de seus interesses materiais, mesmo quando pensam saber claramente quais são eles. Muitas vezes, a identificação com um grupo maior torna-se mais importante por conta da necessidade de obter um suporte grupal. Assim, pessoas de um mesmo grupo socioeconômico podem pensar de formas diferentes, enquanto outras de grupos distintos podem ter ideias similares. Essa participação em determinados grupos sociais pode alterar a receptividade ideológica do indivíduo (Adorno *et al.*, 1969). Para Adorno e colaboradores (1969), por questões históricas e sociológicas, esses grupos (ocupacionais, fraternais, religiosos etc.) favorecem e pregam, de modo desvelado ou não, diferentes padrões de ideias. Assim, por necessidade de pertencimento e de acreditar e seguir essas regras, por imitação ou condicionamento, tomam para si as opiniões, atitudes e os valores característicos dos grupos dos quais são membros ou pretendem sê-lo.

Ainda para esses autores (1969), a hostilidade, amplamente inconsciente, resulta da frustração e repressão que desviaram socialmente seu objeto original e verdadeiro, necessitando, assim, de um substituto por meio do qual tenta obter um aspecto realístico e fazer justiça à sua frustração. Para eles, manifestações mais radicais de violência resultantes desse bloqueio da relação com a realidade podem levar à psicose – e, aqui, está também incluída uma teoria da sociedade moderna como um todo que transformou o mundo em um mundo "gelado, alienado e amplamente incompreensível" (Adorno *et al.*, 1969, p. 608), restando a estereotipia como um modo de orientação e postura.

Capítulo III
O preconceito

De acordo com a explanação anterior, considera-se que o preconceito tem um significado social na lógica intrínseca aos princípios de países democráticos capitalistas. Esta lógica é mediada pelo conflito entre a experiência real pregada pela democracia e a estereotipia presente no clima cultural, que, sedimentado nos sujeitos, se torna mais forte do que a própria consciência ou mesmo que os valores democráticos "oficiais". A experiência é substituída pela estereotipia congelada, predeterminada; não obstante, em muitos casos, mesmo por conta dos valores "oficiais", estes mesmos comportamentos são considerados como um mal ajustamento (Adorno et al., 1969).

Horkheimer (1996) expõe, em carta de 27 de dezembro de 1944 a Adorno, que tendências negativas, que podem ser resumidas em certas categorias, como agressividade, sadismo, chauvinismo e anti-intelectualismo, são criadas como equivalentes antagônicas às virtudes civilizatórias que a educação tentou instalar nos homens. A expressão dessas tendências em determinado momento histórico reflete exatamente a sombra dos estágios precedentes. As ideologias positivas da história, cuja tendência é a classificação estéril e a segregação, expressam-se como aversões irracionais, injustiças e crimes, questões individuais que são a chave para seu desvelamento. Nesse sentido, o preconceito não pode ser corrigido pela experiência, uma vez que ela mesma se apresenta atualmente predeterminada pela fórmula do *ticket* e seus antecedentes históricos. Por conseguinte, deve-se buscar a reconstituição da capacidade de experienciar nas inter-relações sociais e pessoais (Adorno et al., 1969), reconstituição esta no plano individual, mas não apenas nele, pois é interdependente da organização da própria sociedade.

A SOCIEDADE NO SUJEITO: AS PERSONALIDADES DESCRITAS POR ADORNO

Um dos resultados da pesquisa realizada no departamento de psicologia da Universidade de Berkeley foi o desenvolvimento de uma tipologia dos antissemitas, ou potencialmente antissemitas. Essa tipologia será exposta aqui com o objetivo de pensar como seria possível juntar ciência e reflexão, de modo a não possibilitar que a rigidez científica seja compreendida apenas instrumentalmente, e como mera classificação sectária dos sujeitos. Se, por um lado, classificar faz parte do empreendimento científico para possibilitar o conhecimento da realidade efetiva, por outro, constitui um meio de conhecimento, e não o conhecimento por si só. Deve ficar claro que, em momento algum, os conteúdos dos tipos serão utilizados para classificar os sujeitos desta pesquisa; ao contrário, a partir deles, pode-se compreender como a sociedade determina as dinâmicas individuais. Embora esta parte possa parecer extensa e desvinculada da pesquisa, trata-se de uma base para se pensar um outro modo de conhecimento. Ao mesmo tempo, tal tipologia foi escolhida também por seu conteúdo, uma vez que não trata a violência irracional como uma categoria apenas individual, o que inclui uma crítica aos modelos, inclusive de boa conduta, menos por seu conteúdo, e mais pela heteronomia que reforça.

Na obra *A personalidade autoritária*, Adorno e colaboradores (1969) explicam, no capítulo dedicado à tipologia, o objetivo dessa classificação, diferenciando-a de outras estáticas, que eles mesmos criticam e que, na época, era um dos conceitos da psicologia americana mais profundamente questionados. Ali, a crítica dava-se em dois níveis: primeiro, no da impossibilidade de as tipologias alcançarem o único, a individualidade; e, segundo, pela não validade estatística de sua generalização, portanto, pela sua improdutividade. Uma prova que os autores citam é a necessidade de as várias tipologias criarem tipos mistos, que acabam por negar os construtos originais. A principal argumentação é que essas tipologias aplicam conceitos rígidos em uma vida psicológica supostamente fluida. Originadas da psiquiatria, aquelas tipologias surgem da necessidade terapêutica de classificar doenças mentais e facilitar o diagnóstico e o prognóstico. Mantêm-se, então, descritivas, estáticas e estéreis. A crítica à tipologia positivista é plausível, pois aponta para a subsunção dos indivíduos em classes preestabelecidas, que definem, inclusive, o seu destino a despeito de suas qualidades específicas, como ocorreu com os judeus na Alemanha e a decisão, embora baseada em classificações, arbitrária por sua vida ou morte. A rigidez das tipologias manifesta exatamente a mentalidade guiada por estereótipos que constitui o preconceito.

Porém, em se tratando justamente de um estudo sobre o preconceito, com cautela, Adorno e colaboradores (1969) questionam a aversão à classificação que se estabelece quase como um tabu e não leva em conta sua necessidade científica e mesmo prática. Essa aversão implicaria em admitir que a relação entre comportamentos humanos em determinadas situações objetivas e a vida psíquica é, por essência, inexplicável. Para os autores, trata-se de redefinir o problema da tipologia, e não simplesmente de negar a existência de sua plausibilidade. O caráter não dinâmico, antissociológico e quase biológico é oposto tanto ao trabalho desenvolvido quanto aos resultados empíricos desses autores (Adorno et al., 1969). Seu objetivo não é dividir o mundo em "lobos" e "cordeiros", mas sistematizar experiências o mais livremente possível, enfatizando o pensar produtivo sabotado pela linearidade da ciência organizada segundo o método positivo. A pretensão não é de uma tipologia arbitrária, que violenta a complexidade humana, mas, sim, que seja baseada na estrutura da realidade psicológica:

A razão para a persistente plausibilidade da aproximação tipológica, contudo, não é uma estática biológica, mas exatamente o oposto: dinâmica e social. O fato de que a sociedade humana tem estado dividida em classes afeta mais que as relações externas dos homens. As marcas da repressão social são deixadas na alma dos indivíduos. (Adorno *et al.*, 1969, p. 747)

Estes mesmos autores se referem à padronização e à rigidez da cultura de massa, que marcam cada vez mais o processo social. A simples oposição à classificação baseada em um discurso do individualismo pode se tornar também ideológica, pois tende a negar a qualidade inumana da sociedade e sua tendência atual de classificar os próprios sujeitos. Assim, torna-se também importante não negligenciar o fato de que a maior parte das pessoas não é mais, ou nunca foi, constituída por indivíduos no sentido estrito da filosofia do século XIX, uma vez que a existência na sociedade de massas, como já explicitado, é amplamente determinada pelos *tickets* e por um processo social padronizado, poderoso e onipresente. Para os autores, seus tipos justificam-se pelo fato de que o mundo atual já está tipificado, assim como produz pessoas desse mesmo modo[3]. A identificação dos traços

---

[3] Em nota de rodapé na página 749, Adorno e colaboradores (1969) atentam que é necessário distinguir dois conceitos de tipos: o tipo "real" e a pessoa e seu mero pertencimento a uma classe lógica que a define de fora. Segundo os autores, por um lado há de fato sujeitos que são literalmente tipos, "pessoas tipificadas" que são amplamente reflexos dos mecanismos sociais. No entanto, por outro lado, algumas pessoas só poderiam ser consideradas tipos em um sentido lógico-formal, podendo ser caracterizadas pela ausência de "qualidades-padrão". Horkheimer (1996), ao comentar a tipologia desenvolvida por Adorno, que seria publicada na revista do Instituto de Pesquisas Sociais como um resultado parcial dos estudos sobre preconceito, afirma: "Se, no período atual, alguém nasce numa família Gentil comum não tem que ser um "tipo" ao invés de ser antissemita. Ele simplesmente aprendeu a falar mal dos judeus de modo desrespeitoso, tal como poderia ter aprendido a beber demais, contar piadas sujas [...]" (p. 656). Nessa mesma carta, Horkheimer afirma ser contra a tese de que o antissemitismo é uma neurose, por alguns motivos, dentre os quais: 1. O antissemitismo é um elemento

deixados pela estereotipia, no sentido de chegar próximo a um entendimento pela via da conceitualização da diversidade, e não sua negação ou mesmo a mera descrição dos fatos psicológicos, seria um desafio à tendência perniciosa da rígida classificação.

No entanto, o desenvolvimento de uma tipologia neste estudo está ligado ao seu objetivo inicial: de criar armas contra o preconceito, mesmo reconhecendo a insuficiência da psicologia contra uma organização social. Além disso, preconceito não é considerado "doença", e a maioria dos sujeitos preconceituosos é muito mais bem adaptada ao sistema. Porém, o ponto que faz que se persista na questão psicológica é a necessidade que o pensamento fascista tem das massas de pessoas, por isso a importância de buscar conhecer sua dinâmica interna (Adorno et al., 1969).

O esboço de tipologia apresentado por Adorno e colaboradores (1969) seguiu três critérios: primeiro, não classificar seres humanos, ou dividi-los estatisticamente. Tentou-se organizar traços e disposições de acordo com um contexto em que fizessem sentido estruturalmente, buscando a gênese dos conflitos psicológicos. Segundo, realizar uma tipologia crítica na medida em que se compreende que a própria tipificação das pessoas é uma função social. Assim, se as características explicitadas em um tipo forem por demais rígidas, o objetivo dessa rigidez é denunciar as marcas sociais, uma vez que quanto mais "tipificado" o sujeito se apresenta, mais ele expressa o potencial fascista que contém inconscientemente. E terceiro, desenvolver uma tipologia que possa ser utilizada segundo os objetivos do estudo, e que, sendo simples para a identificação imediata de características, abra espaço para a relação do critério psíquico

---

universal da educação e das condições sociais gerais; 2. Ele se questiona se, em uma família antissemita, aquele que se comporta mais neuroticamente é um filho que trata mal os judeus ou outro que segue as "doutrinas de bom comportamento e boa vizinhança"; 3. Por razões metódicas que abrangem o delineamento entre psicologia e economia política.

com o social, já estabelecida no curso do trabalho. No entanto, esses autores (1969) reconhecem que na organização da tipologia se fez uma relação direta com os dados empíricos, limitados, é claro, pelos procedimentos de coleta de dados (entrevistas e questionários com pessoas que pontuaram nos extremos da escala de fascismo), pelo grupo estudado e pela teoria psicanalítica utilizada como orientação do trabalho. Por isso, devem ser consideradas como tentativas e têm de ser revistas na realização de futuras pesquisas.

Os tipos foram descritos de acordo com a pontuação dos sujeitos na escala de fascismo. Embora sejam seis os tipos descritos em relação àqueles cuja pontuação foi alta, Adorno et al. (1969) apontam que se trata de uma só "síndrome geral" composta de uma "unidade estrutural", distinguível das diversas existentes entre aqueles cuja pontuação foi baixa. Isso ocorre porque determinados traços medidos pela escala de fascismo, como submissão à autoridade, agressividade, projetividade, superstição e estereotipia, preocupação exagerada com questões sexuais, e manipulação, por exemplo, costumam aparecer conjuntamente. Assim, os seis tipos existentes entre os de pontuação elevada não pretendem isolar tais traços, mas compreender sua estrutura geral. O que diferencia é a ênfase dada a um traço ou outro e não exclusivamente a existência de um. Além disso, tais traços são dinâmicos, o que permite a transição de um tipo para outro, de acordo com a existência de fatores específicos, ou seja, não se trata de uma escala de medidas. Referem-se não ao preconceito aberto, mas a potencialidades, e aqui uma questão psicológica que seria inofensiva passa a ser importante dentro do esquema do trabalho. De modo geral, o interesse no potencialmente preconceituoso foi focado por sua maior estereotipia em relação aos de baixa pontuação.

Se, por um lado, a direção da pesquisa, realizada em um departamento de psicologia, levou os autores a enfatizar determinantes psicológicos, segundo Adorno *et al.* (1969), por outro, não foi esquecido que o preconceito não é totalmente e apenas psicológico ou subjetivo. Constantemente lembraram da ideologia e da mentalidade fomentadas pelo espírito objetivo da sociedade, e da produção do caráter potencialmente fascista pela interação entre o clima cultural e as respostas individuais a esse clima. Assim, opiniões, ideias, atitudes e comportamentos não foram considerados como originados de um desenvolvimento psicológico auto-suficiente e de um pensamento autônomo, mas como pertencentes à cultura. Ou, como afirmou Horkheimer (1996),

> O antissemitismo é um aspecto cultural da sociedade moderna. O ser humano comum, que vive em uma distância de alcance da maquinaria ideológica da dominação da massa, pensará mal dos judeus e poderá ser induzido sem grandes dificuldades para concordar com a mais violenta expressão do antissemitismo[4]. (p. 657)

Nesse mesmo sentido, porque os sujeitos com uma pontuação baixa na escala de fascismo pareceram ter muitas características em comum com aqueles que tiveram uma alta pontuação, buscou-se também compreendê-los, tentando mapear o momento em que o preconceito se torna objetivo. Ou seja, buscar chaves que abram caminhos para se pensar as diferentes reações dos sujeitos frente ao mesmo clima cultural (Adorno *et al.*, 1969). A seguir, serão apresentadas as configurações psicológicas, ou os tipos e síndromes e, como também são denominadas e definidos por Adorno e colaboradores (1969).

Os sujeitos que pontuaram no topo da escala de fascismo foram distintos, como citado, em seis tipos: ressentido superficial (*surface resentment*), convencional (*conventional*), autoritário

---

[4] Carta a Adorno de 11 de outubro de 1945.

(*authoritarian*), rebelde e psicopata (*rebel and psychopath*), maníaco (*crank*) e manipulativo (*manipulative*). Já aqueles que obtiveram pontuação no outro extremo foram cinco: rígido (*rigid*), contestador (*protesting*), impulsivo (*impulsive*), pacato (*easygoing*) e liberal genuíno (*genuine liberal*).

O ressentido superficial, mesmo que fomentado pelas "fontes instintuais profundas"[5] (Adorno *et al.*, 1969, p. 754), é representante do aspecto sociológico que os autores pretenderam não negligenciar. Em sua construção, nada é dito a respeito de fixações psicológicas ou mecanismos de defesa. O ressentido superficial pode ser reconhecido em termos de ansiedades sociais justificadas ou não. Ele não é por si mesmo um "tipo psicológico", mas uma condensação da manifestação mais racional do preconceito, consciente ou pré-consciente. Diferente dos outros tipos existentes entre aqueles que tiveram altas pontuações na escala de fascismo, é caracterizado pela relativa abstenção da motivação racional, ou simplesmente, "racionalização". Aceitam os estereótipos de preconceitos como fórmulas prontas, com uma atitude geralmente acrítica. No entanto, em vez de racionalizarem, limitam-se à "aderência" a eles de modo mecânico, o que resulta em dificuldades para sua própria existência. Para tais estereótipos, não parece se voltar muita libido, por isso se mantém um nível racional ou falsamente racional (Adorno *et al.*, 1969).

Em tais sujeitos, não há uma quebra completa entre a experiência e o preconceito, mas ambos contrastavam, nas

---

[5] Considera-se que Adorno usa aqui a palavra *instinct* no mesmo sentido de *Trieb* (termo alemão utilizado por Freud e também traduzido por "pulsão" em português), conforme o termo substituto na língua inglesa indicado nos "Comentários editoriais" da *Standard Edition of the Complete Psychological Works of Sigmund Freud* que precedem o texto "Pulsões e destino da pulsão", publicado recentemente pela Editora Imago em 2004, na nova tradução do volume 1 de *Escritos sobre a psicologia do inconsciente*. Sobre esse conceito, ver: Freud, S. *Pulsões e destinos da pulsão* (1915), *Além do princípio de prazer* (1920), e os verbetes sobre "pulsão" de Laplanche e Pontalis no *Vocabulário da psicanálise*.

entrevistas, um com o outro. No entanto, para o preconceito, nesse caso, há razões relativamente sensíveis e argumentações racionais acessíveis. Quais sejam, é necessário, para o equilíbrio de seu *ego*, que um culpado por sua situação social precária seja encontrado; assim, veem os judeus como responsáveis pelas tendências inerentes ao processo econômico da época. Provavelmente, experiências ruins com judeus nunca existiram, mas a adoção do *ticket* ocorre pelo benefício que se tira disso. Aqueles que forneceram a base para essa interpretação buscavam a culpa dentro deles mesmos e olhavam para si preconceituosamente como "fracassados". Os judeus serviam para livrá-los superficialmente desse sentimento de culpa. O antissemitismo oferece-lhes o sentimento de serem "bons" e "inocentes" e de colocar o ônus em alguma entidade visível e personalizada. Com isso, não estão isentos de mecanismos psicológicos de caráter fascista. O contentamento em culpar o outro pelo seu próprio fracasso, e mais contentamento ainda em conseguir obter vantagens sobre grupos minoritários, também parece recorrente[6] (Adorno *et al.*, 1969).

O tipo convencional representa a estereotipia que vem de fora, mas que foi integrada na personalidade como parte de uma conformidade geral. A aceitação dos valores convencionais é exagerada. Assim, devido a esse aceite em larga escala dos valores da civilização e "decência", parece haver uma ausência de impulsos violentos: trata-se de um antissemita "bem educado". O ponto mais forte desse tipo é o pensamento estereotipado que se refere a dividir o mundo em "bons" e "ruins", prevalecendo o pensar em termos da dicotomia *in-group/out-group*. Ele não tem, ou não

---

[6] A passagem em que Adorno e colaboradores. (1969) citam essa questão é extremamente semelhante a uma passagem da referida carta em que Horkheimer comenta a tipologia que desenvolviam: "O pai de família que não se preocupa. Sua situação na nossa sociedade é tal que ele está contente se alguém mais é culpado justificadamente ou injustificadamente. Ele fica mais feliz quando pode obter alguma gratificação material de tais culpas ou perseguições. Ele expressa a frieza da civilização" (Horkheimer, 1996, p. 660).

gosta de ter, "contato" com o *out-group*. Ao mesmo tempo, projeta neles seu próprio modelo de *in-group* e enfatiza a tendência do outro a associar-se a apenas um grupo seleto. O sentimento de ser diferente é sua segurança. Nesse sujeito, o *superego* nunca foi firmemente estabelecido e ele está amplamente sob a influência de suas representações externas (Adorno *et al.*, 1969).

O preconceito, aparentemente, não realiza uma função decisiva na vida psicológica desses sujeitos; é apenas um meio para facilitar a identificação com o grupo ao qual pertencem ou desejam pertencer. Eles são preconceituosos, no sentido de que se apropriam de julgamentos correntes sem analisá-los por si mesmos. Quando se relacionam de alguma maneira com indivíduos que desviam do padrão, sentem-se inquietos e preocupados e parecem entrar em uma situação de conflito que tende a reforçar sua hostilidade, ao invés de mitigá-la. No caso dos entrevistados, o preconceito mais intenso era direcionado aos negros, aparentemente porque a demarcação entre *in-group* e *out-group* era mais drástica[7]. A rejeição aos judeus existia, mas era baseada na diferença com relação aos sujeitos convencionais do *in-group* ideal; os próprios judeus eram diferenciados, de acordo com graus de assimilação. Na mulher, há uma ênfase especial na vaidade e na feminilidade; no homem, foca-se em parecer um *He-Man*[8] – dicotomia feminino/masculino (Adorno e Horkheimer, 1969).

Mais próximo de uma representação geral daqueles que obtiveram alta pontuação na escala de fascismo, destaca-se o autoritário. Segundo Adorno e colaboradores (1969), ele tem

---

[7] Dentre os participantes da pesquisa, havia apenas brancos e não pertencentes a grupos minoritários ou partidos políticos.

[8] Com relação a esse tipo, nota-se também uma colaboração de Horkheimer: "A garota ou a mulher puramente feminina e o bravo *He-Man*, o garoto real. Esse tipo foi propriamente uma parte das entrevistas de Berkeley. A relação *in-group* e *out-group*, camaradagem, convencionalismo [...]. A ligação entre nacionalismo idealístico e antissemitismo é óbvia" (1996, p. 660).

Capítulo III
O preconceito

algumas semelhanças com o anterior, como o aspecto conformista no que se refere às regras sociais e à rigidez da imagem que tem do judeu. No entanto, a estereotipia nesse tipo não é apenas um meio de identificação social, mas tem uma função econômica na psicologia do sujeito, pois ajuda a canalizar sua energia libidinal, de acordo com as demandas de um *superego* severo. Assim, com relação ao desenvolvimento psicossexual, ele segue o padrão psicanalítico clássico que envolve uma resolução sadomasoquista do complexo de Édipo, sendo a repressão social externa concomitante com a repressão interna dos impulsos. Desenvolve traços de caráter profundamente compulsivos, parcialmente devido à regressão à fase sádico-anal do desenvolvimento. Em vez de alcançar a "internalização" do controle social, o *superego* assume um aspecto irracional; seu ajustamento é realizado, então, pelo prazer obtido por meio da obediência e da subordinação. Isso faz que o impulso sadomasoquista seja, ao mesmo tempo, condição e resultado do ajustamento social, uma vez que na sociedade capitalista e neoliberal as tendências sádicas, assim como as masoquistas, encontram ampla satisfação. De acordo com Adorno e colaboradores (1969):

> O padrão de tradução de tais gratificações em traços de caráter é uma resolução específica do complexo de Édipo que define a formação da síndrome em questão. O amor pela mãe, em sua forma primária, se transforma em um severo tabu. O ódio ao pai resultante é transformado em amor pela formação reativa. Essa transformação conduz a um tipo particular de *superego*. A transformação do ódio em amor, a mais difícil tarefa que o indivíduo tem que realizar no seu desenvolvimento infantil, nunca ocorre completamente. Na psicodinâmica do "caráter autoritário", parte da agressividade precedente é absorvida e transformada em masoquismo, enquanto outra parte permanece como sadismo, o qual busca uma saída nos "out-groups". (p. 759)

Aqui está o aspecto-chave do seu antissemitismo. O objeto de preconceito é um substituto do pai odiado, e assume, no nível da fantasia do sujeito, aquelas mesmas características que eram encontradas no pai, como frieza, dominação e rivalidade sexual. No entanto, aqui, a rigidez da imagem do judeu tende a se tornar altamente vingativa, pois, guiado pelo medo de ser fraco e pela identificação entre autoridade e força, o sujeito rejeita tudo que é considerado, pela via do estereótipo, "inferior". Assim, sua ambivalência é evidenciada pela simultaneidade entre a crença cega na autoridade e a prontidão em atacar aqueles que são mais fracos ou socialmente aceitos como "vítimas" (Adorno et al., 1969). No tipo chamado "rebelde e psicopata", também se destaca a resolução do complexo de Édipo. No entanto, uma "revolta" toma o lugar da identificação com a autoridade paterna. Contudo, em vez de não desenvolver as tendências sadomasoquistas, como poderia ser esperado, a estrutura do caráter autoritário não é afetada em sua base. Isso ocorre porque o pai só é abolido por conta de sua substituição, facilitada pela exteriorização do *superego* (esta última típica de todos aqueles com alta pontuação na escala do fascismo). Outra hipótese é que a transferência masoquista tenha sido retida no nível inconsciente, enquanto a resistência é manifestada. Porém, baseando-se apenas em um nível psicológico, é quase impossível distinguir esse tipo de outro que seria, de fato, não autoritário. De acordo com Adorno e colaboradores (1969),

> aqui tanto quanto em qualquer lugar é o comportamento sociopolítico que conta, que determina se uma pessoa é verdadeiramente independente ou meramente substitui sua dependência por transferência negativa. (p. 762-763)

Entre os "sintomas" ou os comportamentos manifestos, característicos aqui, está um apego a excessos, como beber demais ou o entusiasmo juvenil que leva a atos violentos de revolta. Para Adorno e colaboradores (1969):

> O extremo representativo desse tipo é o *"Tough Guy"*, na terminologia psiquiátrica, o "psicopata". Aqui, o *superego* parece ter sido completamente inutilizado, através do advento do conflito de Édipo, por meio da regressão à fantasia de onipotência da primeira infância. Esses indivíduos são os mais "infantis" de todos: eles falharam profundamente no "desenvolvimento", não foram moldados pela civilização. Eles são "associais". Desejos destrutivos vêm para fora abertamente, de maneira não racionalizada. Força e dureza corporal são decisivas. A linha de fronteira entre eles e o criminoso é fluida. A indulgência deles na perseguição é cruelmente sádica, contra qualquer vítima desamparada [...]. Aqui estão os arruaceiros e encrenqueiros [...] torturadores e todos aqueles que faziam o "trabalho sujo" do movimento fascista[9]. (p. 763)

Ainda baseando-se no complexo de Édipo, o "maníaco" parece tê-lo resolvido por meio da retirada narcísica para dentro dele mesmo. Caracterizado pela frustração no mais amplo sentido, substituiu a realidade por um mundo imaginário interno, ilusório e oposto a ela, pois não teve sucesso em se ajustar ao mundo, justamente em aceitar o "princípio de realidade". Além disso, uma questão importante é a existência de traços paranoicos. Suas ideias de conspiração teriam a função de atribuir aos judeus a busca pela dominação do mundo. Segundo Adorno e colaboradores (1969), eles são propensos a formar seitas, que

---

[9] Embora Adorno esteja, de certa maneira, descrevendo fatos, Horkheimer (1996) atenta que algum cuidado é necessário ao fazê-lo. Chamando a atenção de Adorno, ele comenta que, quando se faz um confronto entre criminosos e o que ocorreu com torturadores nazistas ou alemães agressores como um todo, parece haver um conteúdo ideológico.

se relacionam de alguma maneira com a "natureza", e isso corresponderia a sua noção projetiva do judeu como ruim e como o que estraga a pureza do natural. Assim, suas características principais seriam tanto a projetividade, quanto o medo de contaminação de seu mundo interno pela temida realidade.

A função do preconceito é protegê-los de doenças mentais, construindo uma falsa realidade contra a qual a agressividade pode ser direcionada. Sociologicamente, um traço significante é uma falsa intelectualidade, uma adesão ao pensamento do *ticket*. Ela se dá por meio de uma crença mágica na ciência, capaz de transformá-los em seguidores da teoria racial. Eles podem ser encontrados tanto entre os que têm certo nível educacional, quanto entre trabalhadores, porém haveria um padrão encontrado em mulheres e homens isolados do processo econômico de produção: "mulheres de guerra organizadas e seguidores regulares de agitadores mesmo em períodos em que a propaganda fascista está em baixa" (Adorno *et al.*, 1969, p. 765)[10].

Do mesmo modo que o maníaco, o manipulativo é caracterizado, em termos psicológicos, como aquele que teve uma resolução narcisista de seu complexo de Édipo e, além disso, não constituiu o *superego* a partir da coerção externa. A diferença é que, como uma defesa, sua evitação da psicose dá-se pela redução da realidade a mero objeto de ação. Assim, ele é quase incapaz de voltar a libido aos objetos, tendo, portanto, rejeição a qualquer desejo de amar. Para os autores, esse tipo é potencialmente o mais perigoso; sua característica sobressalente é a extrema estereotipia: "noções rígidas se tornam fins ao invés de meios, e o mundo todo é dividido em campos vazios, esquemáticos e administrativos" (Adorno *et al.*, 1969, p. 767).

---

[10] Há aqui também uma colaboração de Horkheimer (1996, p. 660): "As mulheres frustradas e os homens velhos. Aqui nós encontramos as 'mães lutadoras de guerra', maníacas, e seguidores regulares dos agitadores mesmo em períodos quando a agitação antissemita está em 'maré baixa'".

Capítulo III
O preconceito

Ele teria algo de esquizofrênico, mas a ruptura entre mundo interno e externo não resulta em introversão, mas, sim, em um tipo de "super-realismo compulsivo que trata tudo e todos como objeto a ser manuseado, manipulado, medido pelos padrões práticos e teóricos do próprio sujeito" (Adorno et al., 1969, p. 767). Segundo os autores, ele pode ser cada vez mais encontrado entre pessoas de negócio e trabalhadores da área de gerenciamento e tecnologia, com cargos altos na hierarquia de produção. São inteligentes, porém, sem afeto, o que os torna impiedosos. Os autores citam Heinrich Himmler como seu símbolo entre os fascistas na Alemanha. Mesmo o antissemitismo é reificado; assim, sequer sentiriam ódio dos judeus e a relação com as vítimas seria puramente administrativa. No entanto, a provocação que sentem provir dos judeus se referiria ao fato de que o individualismo e as relações humanas entre os judeus são desafios para sua estereotipia. A única qualidade moral encontrada seria a lealdade, caracterizada como identificação completa e incondicional de uma pessoa com o grupo ao qual pertence (Adorno et al., 1969).

O rígido é, segundo os autores, um dos tipos, entre os sujeitos com baixa pontuação na escala do fascismo, que tem mais características em comum com os de alta pontuação, a ponto de dificilmente ser distinguido de alguns dali. Ele é também disposto ao pensamento totalitário, e a marca particular da fórmula ideológica do mundo com que entrou em contato é acidental. A autoridade paterna e seus substitutos sociais são frequentemente trocados pela imagem de alguma coletividade, a maioria com características compulsivas e paranoicas. Tem fortes tendências de *superego* e características compulsivas. Possui estereótipos bem marcados, uma vez que a inexistência de preconceito, apesar de baseada em experiências concretas e integradas com a personalidade, é derivada de algum padrão ideológico externo; assim, o "não preconceito" aparece da mesma forma que um item da plataforma fascista. A falta de preconceito é ideológica e superficial também em termos de personalidade; além disso, tem certo desinteresse por assuntos relacionados às questões minoritárias. Usa tantos clichês quanto quaisquer outros, deduz seu lugar no mundo de alguma fórmula geral, em vez de realizar pensamentos espontâneos, e realiza julgamentos de valor que não podem ser baseados em algum conhecimento real do que estaria em questão. Tais pessoas seriam encontradas, por exemplo, entre jovens, "progressistas" e estudantes (Adorno *et al.*, 1969).

A maioria dos "neuróticos" tem uma grande participação no modelo de síndrome denominado contestador, segundo o tipo descrito por Adorno e colaboradores (1969) entre os sujeitos de baixa pontuação. Esses sujeitos têm muito em comum com o autoritário explicitado entre os tipos com alta pontuação. A diferença principal entre eles é que esse tipo, em vez de aceitar a autoridade heterônoma, a rejeita, a despeito de sua sublimação da ideia de pai e da concomitante hostilidade com relação a ele; assim, parece ter uma consciência autônoma e independente dos códigos externos. Sua característica marcante é a oposição, que, por vezes, aparece como tirania. Seus determinantes são psicológicos e não racionais, baseados em uma resolução específica do complexo de Édipo que o afetou profundamente. Ao mesmo tempo em que se manifesta contra a autoridade do pai, internalizou sua imagem em alto grau; assim, diz-se que seu *superego* é tão forte, que se volta contra o próprio modelo. Frequentemente, são pessoas tímidas, "retraídas", com dúvidas sobre si mesmas, e sempre se atormentam com todos os tipos de incertezas e escrúpulos. Mesmo sua reação contra o preconceito parece ter sido forçada pelas demandas do *superego* e, mesmo não sendo autoritárias em sua maneira de pensar, são em geral conscritas psicologicamente. Os entrevistados que formaram esse grupo viam os judeus *a priori* como "vítimas", como diferentes deles mesmos. Embora detestem discriminação, podem julgar difícil, algumas vezes, permanecer contra ela. Socialmente, esses sujeitos pertenciam à classe média e frequentemente tinham problemas familiares, como divórcio dos pais (Adorno *et al.*, 1969).

O impulsivo, por sua vez, parece estar relacionado com o rebelde e psicopata. São pessoas bem ajustadas que têm um *id* bastante forte, mas estão relativamente livres de impulsos destrutivos. O próprio descontentamento durante a vida parece tê-los levado a uma posição de crítica com relação à sociedade. No entanto, um ponto fraco no *ego* e no *superego* parece existir, o que faz deles instáveis com relação à política, assim como a outras áreas. São atraídos por tudo que parece ser diferente e promete novas formas de gratificação; além disso, simpatizam com tudo que entendem estar reprimido. A relação *in-group/out-group* não significa nada para eles, pois respondem fortemente a todos os estímulos. Se tiverem elementos destrutivos, eles parecem estar voltados contra os próprios sujeitos e não contra outros. É um tipo formado por prostitutas, criminosos não violentos e alguns psicóticos. Adorno e colaboradores (1969) comentam que, na Alemanha nazista, poucos elementos desses grupos podiam ser encontrados entre os que aderiram ao regime totalitário; aliás, faziam parte daqueles que eram colocados nos campos de concentração, como os artistas de circo e os atores. Eles não pensam por estereótipos, mas é duvidável até que ponto obtêm sucesso em suas conceitualizações (Adorno *et al.*, 1969).

Assim como o tipo anterior, o *id* do "pacato" parece ter sido pouco reprimido, mas sublimado em forma de compaixão. Ele parece ser o oposto do tipo manipulativo. O *superego* é bem desenvolvido, visto que realiza algumas funções do *ego*. Às vezes, esses sujeitos chegam perto da indecisão neurótica. Uma de suas principais características é o medo de machucar alguém pela ação. Adorno e colaboradores (1969) apresentam seus aspectos negativos e positivos. Os primeiros são caracterizados por uma tendência passiva próxima da conformidade; assim, raramente são radicais na visão política, mas vivem como se, de fato, estivessem em condições não repressivas, em uma sociedade verdadeiramente humana. Outras características são: a relutância em tomar decisões e frequentemente deixar frases em aberto, como que para o próprio ouvinte completar o que julgar válido. Possuem uma riqueza psicológica composta pela capacidade de gostar das coisas, pela imaginação e pelo senso de humor, mas este último assume, em geral, a forma de autoironia, tão destrutível quanto as características listadas antes. Os aspectos positivos poderiam ser resumidos em capacidade de entrega sem medo de perder a si mesmos e a completa não estereotipia, não por serem resistentes a ela, mas simplesmente por não entenderem o desejo de subsunção. Sua dinâmica é assim descrita:

> Eles são pessoas cuja estrutura de caráter não se tornou "congelada": nenhum padrão de controle por nenhuma agência da tipologia de Freud está cristalizada, mas eles são completamente "abertos" à experiência. Isso, contudo, não implica fraqueza do *ego*, mas ausência de experiências traumáticas que levariam à "reificação" do *ego*. Nesse sentido, eles são "normais", mas é essa normalidade que dá a eles nessa civilização a aparência de uma certa imaturidade. (Adorno *et al.*, 1969, p. 779)

Assim, parece que em seu desenvolvimento infantil há a ausência de grandes conflitos, mas a presença de imagens maternais. Isso colabora para o indicativo da existência, neles, de um traço arcaico: a ideia de um mundo matriarcal. Para os autores, "eles podem frequentemente representar, sociologicamente, o genuíno elemento *'folk'* como contra a civilização racional"

(Adorno *et al.*, 1969, p. 779). Frequentemente, fazem parte da classe média baixa. Com isso, embora nenhuma ação seja esperada dos representantes desse tipo, pode-se esperar que, sob nenhuma circunstância, se ajustem ao fascismo político ou psicológico.

Um construto balanceado entre *id, ego* e *superego*, que Freud determinou como ideal, pode ser encontrado no que se chamou de liberal genuíno. Esse sujeito é caracterizado por um forte sentido de autonomia pessoal e independência. Seu *ego* é desenvolvido, mas não é libidinizado; assim, raramente é "narcisista". Porém, não deixa de possuir traços dos tipos listados anteriormente com relação àqueles de baixa pontuação. Tal como o impulsivo, ele é pouco reprimido e tem dificuldades de manter a si mesmo sob controle; no entanto, aceita suas consequências. Suas emoções não são cegas, mas direcionadas a outras pessoas como sujeitos; seu amor não é apenas desejo, mas também compaixão. Com o "contestador", compartilha o vigor da identificação, mas sem os traços de compulsão e compensação; não há uma adesão fervorosa e apaixonada na defesa das minorias. Assim como o pacato, ele é "antitotalitário", mas muito mais consciente, e sem o elemento de indecisão e hesitação. Ao contrário deste, o liberal genuíno é franco em suas reações e opiniões. Assim como não admite interferências alheias em suas opiniões e decisões, também não pretende interferir nas ideias dos outros, pois, como é fortemente "individualizado", vê os outros, sobretudo, como indivíduos. Ao mesmo tempo, se considera que algo de errado está sendo feito, não permanece passivo, mesmo se sua reação significar perigo para ele mesmo, o que seria uma de suas qualidades: coragem moral (Adorno *et al.*, 1969).

Em quase todos os tipos descritos, as análises deram-se em torno do desenvolvimento dos sujeitos a partir da resolução do complexo de Édipo. Isso porque é a partir de tal resolução que a relação com a autoridade será realizada na vida adulta. No entanto, se por um lado a resolução do Édipo é mediada pela família, por outro, não é apenas por ela. Se, em alguns casos, uma família autoritária pode gerar sujeitos predispostos ao preconceito, por outro, tal predisposição pode vir a ocorrer justamente pela necessidade de autoridade, tal como na República de Weimar, em que a autoridade familiar estava enfraquecida. A questão não é apenas a introjeção de um modelo de autoridade, mas, antes, a crítica ao próprio modelo necessária à diferenciação entre o sujeito e o mundo externo. Porém, no caso em que tal introjeção não ocorre, há a busca por critérios externos, e aqui a falta de reflexão, essencial para a individuação, é também uma constante (Crochík, 2006).

Pode-se perceber ainda, na observação dos tipos apresentados, que não se deve absolutizar a dicotomia entre aqueles com alta e baixa pontuação na escala do fascismo, pois muitos do segundo caso são tão susceptíveis aos *tickets* quanto os demais. Rouanet (1998), ao comentar essa tipologia, atenta para que todos os tipos, à exceção do liberal genuíno e talvez do pacato, são, em grau maior ou menor, moldados por estereótipos culturais que, associados às tendências psíquicas, determinam as formas de pensar e agir. Não obstante, embora se tenha falado mais em termos psicológicos, a ênfase da determinação é dada à cultura. Nos tipos de alta pontuação, parece sobressair o fator cultural, enquanto nos de baixa, o psicológico; mas, no fundo, o que a tipologia denuncia, pela variedade de tipos, é como são diversas as formas com que a sociedade se impõe aos sujeitos. Assim, trata-se de uma

> autonomia aparente, que acaba resultando funcional para um sistema que exige, para sua sobrevivência, algum tipo de criatividade e de iniciativa por parte de um certo número de indivíduos. É a própria sociedade que condiciona nos indivíduos a forma e o

grau de sua autonomia com relação a essa mesma sociedade, por um mecanismo análogo ao da determinação em última instância pelo econômico, que significa, em alguns casos, uma determinação econômica direta, e em outros que a eficácia do econômico se exerce mediatamente, através da dominância atribuída a uma instância extraeconômica. (Rouanet, 1998, p. 189)

De acordo com Crochík (2006), o processo social, o progresso tecnológico e o sistema capitalista criam um emaranhado de relações em que a reflexão autônoma, essencialmente necessária para o ideal de indivíduo do iluminismo, passa a ser um obstáculo ao seu desenvolvimento, requerendo dos sujeitos, ao contrário, uma submissão instantânea. Ao contrário da presença de uma maioria que livremente poderia ser de "liberais genuínos", como poderia se supor, o preconceito não é uma exceção, mas parece ser a regra geral das relações humanas na atualidade. Mesmo que não atinja algo da dimensão do fascismo, um menor grau de predisposição ao preconceito não significa uma isenção de perigos para o convívio social; apenas um outro modo de adaptação a um mundo massificante.

SEGUNDA PARTE

A VIDA EMPÍRICA E AS RELAÇÕES ENTRE *BULLYING* E PRECONCEITO

CAPÍTULO IV

METODOLOGIA, OU PARA UM OLHAR SOBRE AS RELAÇÕES ENTRE OS ESCOLARES

Esta parte contém dados relativos a uma pesquisa empírica realizada em uma escola fundamental da rede particular. Por meio dessa pesquisa, buscou-se verificar a relação que aquilo que se chama *bullying* teria com o que se caracterizou, no terceiro capítulo, como preconceito. A importância desta parte do trabalho está em possibilitar observar, na realidade, como essas questões aparecem e são explicitadas nas relações interpessoais, impedindo, talvez, uma relação dogmática com a teoria. Aqui não serão expostos, como nos trabalhos tradicionais relativos ao tema *bullying*, dados quantitativos, uma vez que não se tem por objetivo um diagnóstico que contenha o índice exato de ocorrência da agressão, ou, especificamente, dos tipos caracterizados por *bullying*. Porém, tem-se consciência de que em outros trabalhos a aquisição desse índice pode ser relevante, ou mesmo essencial. Com a finalidade de tornar compreensível toda a realização deste trabalho, não se apresentou aqui apenas as análises do que foi encontrado empiricamente, mas, neste capítulo, partiu-se da metodologia contendo a descrição dos participantes, dos procedimentos realizados e dos materiais utilizados. Os resultados são apresentados no capítulo quinto, e chega-se, ao final, a uma discussão sobre o que se encontrou, no sexto capítulo.

A escola, local em que os dados foram coletados, foi escolhida aleatoriamente. Trata-se de um colégio de pequeno porte, que abrange o ensino infantil e o fundamental, com apenas uma turma de cada ano. Esse colégio, da rede particular de ensino, localiza-se em um bairro de classe média de uma cidade do interior do estado de São Paulo.

Na reunião com a coordenadora pedagógica do colégio, foi definido que a pesquisa seria realizada com a turma do 8º ano do ensino fundamental, porém os alunos deveriam participar da pesquisa voluntariamente. A escolha da turma usou como critério o fato de que são esses alunos que estudam há mais tempo no colégio, por isso já presenciaram, vivenciaram e experienciaram mais as relações que ali se estabelecem. Tratando-se de um colégio de pequeno porte, a maioria de seus alunos estuda ali desde o início de sua vida escolar.

Foram marcados um dia e horário para que a pesquisadora se apresentasse aos alunos, explicasse sobre sua pesquisa e pedisse que eles fossem voluntários. A turma contava com dez alunos matriculados; destes, seis alunos apresentaram-se prontamente para participar da pesquisa, os outros quatro não quiseram participar. Dos alunos voluntários da pesquisa, três são do sexo feminino e três do sexo masculino, entre 13 e 14 anos de idade. Todos os participantes receberam o termo de consentimento esclarecido e o devolveram na semana seguinte assinado pelo responsável, ficando com uma cópia dele.

Os dados foram coletados durante o horário de aula, no período da manhã. Os participantes foram dispensados das aulas para participarem da pesquisa, enquanto os que não desejaram participar se dedicavam a outras atividades coordenadas por um professor. Segundo a coordenadora pedagógica do colégio, seria difícil encontrar um horário comum entre os alunos no período da tarde, pois a maioria realizava outras atividades, como esportes ou aulas de idiomas. Os dias e horários da coleta dos dados foram marcados previamente para que os professores pudessem reorganizar suas atividades didáticas com relação à turma e organizar atividades a serem realizadas com os alunos não participantes da pesquisa.

Capítulo IV
Metodologia, ou para um olhar sobre as relações entre os escolares

Os procedimentos adotados para a coleta dos dados foram baseados na leitura de Adorno (2001). De acordo com o autor, a investigação social empírica pode ser dividida em duas categorias, que pertencem a planos lógicos distintos e são desdobramentos do que ele chama de pesquisas de mercado ou pesquisas de opinião. A primeira categoria se refere à indagação de fatos objetivos e busca a média de suas ocorrências. A segunda trata da indagação das características subjetivas de um determinado coletivo. Não obstante, os objetivos desta pesquisa condizem mais com a segunda categoria, pois se ocupa tanto do que é manifesto no momento em que é realizada quanto do que potencialmente pode se desdobrar a partir daí. A indagação das características subjetivas compreende opiniões conscientes e manifestas (podendo também considerar as motivações de tais opiniões e suas relações com as estruturas psicológicas e sociais subjacentes), atitudes, ou seja, valores, reações, posições e ideologias já sedimentados e até certo ponto generalizados, e comportamentos reais no plano do pensamento ou propriamente manifestos.

Considerando-se as vantagens e desvantagens de cada procedimento apresentadas por Adorno (2001), analisou-se qual ou quais dessas categorias seriam mais adequadas para esta pesquisa. Optou-se, então, por entrevistas individuais gravadas em fitas magnéticas. Estas, segundo Adorno (2001), têm a vantagem de possibilitar a correção imediata de possíveis mal-entendidos a respeito das perguntas e evitar respostas vagas, indagando mais explicações, principalmente quando se trata de uma entrevista semiestruturada, que parte de um questionário preestabelecido, porém aberto a formulações de novas perguntas complementares, caso o entrevistador considere necessário. Além disso, a entrevista é um procedimento adequado para a exploração, descrição e análise de determinados fenômenos.

Porém, ainda outro procedimento foi entendido como capaz de obter dados mais específicos e completos sobre os indivíduos e suas motivações do que unicamente as entrevistas. Trata-se dos grupos de discussão. Segundo Adorno

> Essa técnica tenta fazer justiça ao fato de que as opiniões e as atitudes dos indivíduos não surgem nem atuam de forma isolada, no vazio, mas em uma permanente relação de reciprocidade entre o indivíduo e a sociedade, que o influencia direta ou indiretamente. (Adorno, 2001, p. 110)

Esse procedimento leva em conta que, dependendo das trocas da vida afetiva, podem surgir, durante a discussão, tendências variadas, capazes, inclusive, de conter contradições. Assim, com o objetivo de avançar com as descrições, possíveis por meio das entrevistas, adotou-se também, como um segundo procedimento, a realização de um grupo de discussão com quem foi entrevistado individualmente.

Todos os participantes foram primeiramente entrevistados na própria escola, em uma sala reservada. As entrevistas foram gravadas e transcritas na íntegra para efeito de análise e seguiram o roteiro exposto a seguir.

Após todas as entrevistas, foi marcado um dia para a realização do grupo de discussão, que ocorreu em duas etapas: 1ª – Dinâmica de integração; 2ª – Discussão propriamente dita. O grupo de discussão ocorreu na sala de vídeo da escola. A dinâmica realizada chama-se "Cumprimento criativo" (Serrão; Baleeiro, 1999, p. 103), que consiste em solicitar aos participantes que andem pela sala no ritmo de uma música colocada pela pesquisadora. Cada vez que a música é interrompida, os alunos deveriam se cumprimentar de uma maneira criativa, conforme solicitado: com os pés, com a palma das mãos, com os cotovelos etc. O objetivo dessa dinâmica foi promover a integração e

Capítulo IV
Metodologia, ou para um olhar sobre as relações entre os escolares

um clima descontraído entre os sujeitos para que ficassem mais à vontade, tanto em frente à câmera de vídeo que gravaria a discussão, quanto para interagirem na presença da pesquisadora. Os resultados da dinâmica não constarão na análise.

O grupo de discussão seguiu este procedimento: cada participante recebeu um envelope numerado com uma frase dentro. A pesquisadora apresentou trechos de filmes gravados em VHS. Após a apresentação do primeiro trecho, o participante com o envelope de número um (1) o abriu e leu em voz alta o que estava escrito. Após a leitura, o participante falou o que pensava sobre a frase lida e os outros participantes discutiram sobre o tema. Terminada a primeira discussão, foi apresentado o segundo trecho, e os participantes procederam da mesma forma. Foram seis trechos apresentados, bem como seis envelopes – o número de trechos selecionados bem como o de envelopes e frases para instigar a discussão foram selecionados de acordo com o número de participantes, a fim de que nenhum ficasse fora da discussão durante todo o tempo da atividade. Para a elaboração desse procedimento, seguiu-se a orientação de Adorno (2001), segundo o qual os temas não se abordam sucessivamente, mas devem seguir, de modo mais ou menos livre, alguns estímulos que fundamentam a discussão. A pesquisadora realizou um papel puramente formal, não discutiu com os participantes nem procurou chegar a qualquer conclusão com base nas argumentações. A discussão foi gravada em vídeo e transcrita na íntegra para efeito de análise.

O primeiro material utilizado foi o termo de esclarecimento enviado aos responsáveis para consentir a participação dos sujeitos na pesquisa. Para realizar as entrevistas individuais semiestruturadas, foi utilizado um roteiro de questões, um gravador de fitas magnéticas e fitas. O roteiro das entrevistas compreendeu as seguintes questões:
  1 - Nome e idade.
  2 - Defina você mesmo: quais são suas qualidades e seus defeitos?

149

3 - O que você costuma fazer no tempo em que não está na escola? Com que frequência realiza tais atividades?
4 - Essas atividades influenciam seu relacionamento com as pessoas? O que você acha?
5 - Como é o relacionamento entre as pessoas na sua classe? Ela é dividida em grupos? Se sim, quais?
6 - Quais as diferenças entre os grupos?
7 - A qual grupo você pertence? Quais são as características principais dele?
8 - Você já se sentiu excluído de algum grupo? Por quê?
9 - Você já soube de alguém que já foi excluído de algum grupo? Por que isso aconteceu?
10 - Como é o relacionamento entre as pessoas dos diferentes grupos?
11 - Como é o relacionamento entre as pessoas das classes (anos, turmas) diferentes?

Como pode ser observado, as questões estão divididas em categorias. As de número 1, 2, 3 e 4 buscam levantar dados sobre o participante, como sua autoimagem (o que inclui a presença de valores) e as atividades cotidianas realizadas fora da escola. As questões de números 5, 6, 7, 8, 9 e 10 buscam informações sobre o relacionamento entre os alunos da turma escolar do entrevistado; e a questão de número 11 busca informações sobre o relacionamento entre as diferentes turmas (anos escolares) da escola, na visão do participante.

Para a realização da dinâmica de grupo denominada "Cumprimento criativo", os materiais utilizados foram um CD de música e um aparelho reprodutor de CDs. Para o grupo de discussão, foram utilizados envelopes numerados com uma frase no interior de cada um, uma fita de vídeo com cenas selecionadas (tempo total aproximado da fita de vídeo era de quatro minutos), aparelho de televisão, videocassete, uma câmera filmadora de MiniDV e uma fita MiniDV.

Capítulo IV
Metodologia, ou para um olhar sobre as relações entre os escolares

As frases nos envelopes, seguindo a numeração utilizada e de acordo com a ordem de apresentação das cenas de vídeo, foram as seguintes:
1 - "Se uma pessoa se comporta diferente de mim, é natural comentar sobre ela com meus colegas."
2 - "É divertido chamar os outros por apelido. É o que a pessoa é mesmo, qual o problema?"
3 - "O mais forte sempre manda no mais fraco."
4 - "As pessoas formam grupos com outras com as quais se identificam."
5 - "Os grupos são diferentes. Sempre existem os melhores e os piores, os que são normais e os que são estranhos."
6 - "Se ele está apanhando é porque mereceu."

Os trechos selecionados na fita de vídeo apresentada pertenciam aos seguintes filmes: *Meninas malvadas* (Waters, 2004), *Elefante* (Van Sant, 2003) e *Bang Bang! Você morreu* (Ferland, 2001), todos na versão dublada.

O primeiro trecho pertence ao filme *Elefante* e trata-se de uma cena em que a câmera permanece focada em uma personagem feminina, enquanto outras meninas comentam suas características, seus "defeitos", fazendo suposições sobre seu comportamento e rotulando-a de "CDF". O segundo é do filme *Bang Bang! Você morreu*; é uma cena em que se passam os rostos de vários personagens, enquanto uma voz masculina ao fundo reproduz apelidos e xingamentos. O terceiro trecho é do mesmo filme e trata-se de duas cenas em que um menino deve obedecer outro mais forte do que ele, para não apanhar. O quarto trecho foi retirado do filme *Meninas malvadas* e diz respeito a uma cena em que uma personagem apresenta para outra os diferentes grupos existentes na escola dela. O quinto, do filme *Bang Bang! Você morreu*, é outra cena referente a grupos, no entanto a personagem, além de apresentar os grupos e seus rótulos, aponta suas características e o local específico de cada um na cantina da escola (o local escolhido definiria também a que grupo a pessoa pertence, bem como sua personalidade). O último foi retirado do mesmo filme e é composto por duas cenas nas quais a personagem, masculina, sofre agressões físicas no banheiro do colégio, de outras duas personagens, também masculinas.

No Quadro 4.1, tem-se uma ideia mais clara sobre as cenas e frases utilizadas:

Quadro 4.1: Ordem de apresentação, filmes dos quais as cenas foram retiradas, tempo de duração de cada trecho, local em que as cenas ocorrem, descrição das cenas e frase associada no grupo de discussão.

Ordem de apresentação	Filme original	Tempo de duração	Local em que a cena ocorre	Descrição das cenas	Frase associada
1	Elefante	1 min. e 33 seg.	Vestiário feminino do colégio	Garota entra no vestiário feminino e, enquanto se arruma, outras comentam ao fundo: – Olha, eu dava tudo pra saber porque que ela não vem de *short*! – Meu Deus, quem não vem de *short*? – Aquela CDF que senta atrás de você na aula de matemática, sabe quem é? – Ah, aquela garota? – É, ela é o maior zero à esquerda! – As pernas dela devem ser horríveis. – Ai, se eu tivesse aquelas pernas eu também não usaria *short*, fala sério, né? (riem) – É esquisito, tem um cabelo estranho. – Ela tem varizes, não tem? – E os óculos, que óculos é aquele, fala pra mim? – E o cabelinho? (riem muito) – Ela não tem senso! – Coitada.	"Se uma pessoa se comporta diferente de mim, é natural comentar sobre ela com meus colegas."

Capítulo IV
Metodologia, ou para um olhar sobre as relações entre os escolares

				– Será que ela já beijou alguém? – Duvido. – Vocês pegam pesado! – Mas quem que vai querer beijar aquela coisa?	
2	Bang Bang! Você morreu	8 seg.	Fila da cantina do colégio	Vários rostos aparecem e, para cada um, uma voz masculina ao fundo diz um apelido: "Lixeira, cara de pizza, tonto, bicha, fracassado, esquisito, aleijado, retardado".	"É divertido chamar os outros por apelido. É o que a pessoa é mesmo, qual o problema?"
3	Bang Bang! Você morreu	15 seg.	Corredor das salas de aula	Um garoto alto e forte coloca outro menor do que ele contra os armários e diz: – Toda vez que você me ver, se não cantar "*Jingle bells*" vai se machucar. Dá um tapa na cabeça e sai. Em um outro momento se encontram. O maior ordena: – Canta! O menor canta: "*Jingle bells*". O maior vai embora.	"O mais forte sempre manda no mais fraco."
4	Meninas malvadas	34 seg.	Cantina do colégio	Inicialmente, aparece um mapa da cantina com o nome dos grupos em suas localizações. Conforme uma voz feminina narra, vão aparecendo as imagens dos grupos: "O lugar onde você senta na cantina é essencial porque todos vão estar lá. Tem os calouros, os futuros milicos, os certinhos, os atletas de banco, os *nerds* asiáticos, os asiáticos descolados, os atletas titulares, as gatas negras antipáticas, as garotas que comem demais, as garotas que não comem nada, as aspirantes a estrelas, os drogados, os doidos de bandas sexualmente ativos, as melhores pessoas que pode conhecer e as piores também."	"As pessoas formam grupos com outras com as quais se identificam".

153

| 5 | Bang Bang! Você morreu | 27 seg. | Cantina do colégio | Uma garota dá a informação a uma outra: – Aquela mesa é para viciados, maconheiros, cheiradores, penetras e *hippies*. Ali você tem os skatistas e suas namoradas. Perto da parede os brancos, *hip-hopers*, caipiras, góticos e todos os tipos esquisitos: encrenqueiros, fracassados, prostitutas, *gays*, perdidos e os *trogs*. – *Trogs*? – Trogloditas, os mais esquisitos. | "Os grupos são diferentes. Sempre existem os melhores e os piores, os que são normais e os que são estranhos." |
| 6 | Bang Bang! Você morreu | 52 seg. | Banheiro masculino do colégio | A cena foi transmitida sem som. Três rapazes carregam pelos braços um outro e o colocam de cabeça para baixo dentro do lixo. Vão embora correndo, enquanto o rapaz dá socos e chutes nas paredes. Em outro momento, os quatro encontram-se novamente no banheiro e o mesmo garoto é colocado de cabeça para baixo dentro do vaso sanitário. | "Se ele está apanhando é porque mereceu." |

CAPÍTULO V

MEU ODIADO AMIGO: AS AMBIVALÊNCIAS REVELADAS

ENTREVISTAS INDIVIDUAIS

Todos os participantes colaboraram com a pesquisadora e se mostraram à vontade para responder as questões propostas, conforme o roteiro apresentado anteriormente. Esse roteiro foi adaptado para cada participante no decorrer da entrevista, uma vez que é apenas uma base para o diálogo que se pretendia estabelecer com a finalidade de coletar informações para a pesquisa.

Primeiramente, considera-se importante apresentar um quadro com as informações gerais acerca dos participantes, coletadas por meio das entrevistas, mais especificamente, nas quatro primeiras perguntas incluídas no roteiro.

Quadro 5.1: Idade, tempo de estudo na instituição, qualidades e defeitos próprios e atividades realizadas fora do horário escolar de cada participante.

Participante	Idade	Tempo de estudo nesta instituição	Qualidades	Defeitos	Atividades realizadas fora do horário escolar
1	14	Um ano e oito meses	(Pensa não ter qualidades)	É preguiçoso para estudar, escrever e obedecer.	Assistir à televisão. Entrar na internet. Jogar bola. Estudar
2	13	Dez anos	Simpática e engraçada.	É gorda, teimosa e "pirracenta".	Assistir à televisão. Entrar na internet. Estudar.

155

BULLYING
Razão Instrumental e Preconceito

3	14	Cinco anos	Sincera e "mais ou menos amiga".	É ansiosa e nervosa.	Entrar na internet. Dormir. Estudar.
4	14	Onze anos	Gosta das pessoas da sala, dos amigos.	É teimosa e tem dificuldade para conviver com as diferenças.	Curso de inglês. Aulas de Tae Kwon do. Ouvir música. Dormir. Estudar.
5	13	Oito meses	É legal, passa cola, conversa com os amigos e tenta ajudá-los quando precisam.	É chato, fica implicando e "enchendo o saco dos outros".	Jogar bola. Mexer no computador. Estudar.
6	14	Dez anos	Vai bem nas provas mesmo sem estudar, e tenta ser legal com a maioria das pessoas.	É legal com quem é legal com ele e chato com quem é chato com ele. Segue seu impulso e não a frase: "a gente não deve fazer com os outros o que a gente não quer que faça com a gente".	Assistir à televisão. Jogar videogame. Mexer no computador. Ajudar o pai. Jogar bola. Estudar.

O Quadro 5.1 contextualiza as falas que serão analisadas depois. Todos os participantes têm, no momento da entrevista, entre 13 e 14 anos de idade, e estão, portanto, dentro da faixa etária de alunos da oitava série do ensino fundamental. Os participantes 2, 4 e 6 estudam nessa escola há mais de dez anos, provavelmente desde o início da vida escolar. Já o participante de número 3 frequenta a instituição há cinco anos; como ele mesmo relatou durante a entrevista, "desde a quarta série". Dois participantes são alunos há menos tempo: o de número 1, que está no seu segundo ano na escola, e o de número 5, que passou a estudar nela a partir do ano em que os dados foram coletados, ou seja, na oitava série.

As qualidades atribuídas a si mesmos indicam valores julgados como "bons", como ser simpático, engraçado, sincero, amigo, gostar dos amigos, tentar ajudá-los, passar cola e ir bem nas provas. Já os defeitos que os participantes atribuíram a si mesmos indicam, por sua vez, valores julgados como "ruins", como ser preguiçoso, gordo, teimoso, ansioso, nervoso, chato, ter dificuldades para conviver com as diferenças, e seguir seus "impulsos". É importante citar o participante de número 2: ele atribuiu a si mesmo o "defeito" de ser "gorda", e na mesma entrevista disse medir 1,60 m e pesar 48 kg, o que mostra uma diferença entre a imagem sobre si mesmo e seu índice de massa corporal (IMC), que seria de 18,7, ou seja, dentro do que a Organização Mundial de Saúde (OMS) indica como peso inferior ao normal[1].

Observa-se, também, no Quadro 5.1, que todos os participantes, integrantes da classe média, dedicam suas tardes ao lazer; além disso, o participante número 4 realiza cursos de inglês e de *tae kwon do*. As atividades mais citadas, depois de "estudar", que inclui fazer lição de casa e trabalhos para a escola – conforme explicitado pelos participantes na entrevista (citada por todos os participantes) –, são "assistir à televisão" e "entrar na internet/mexer no computador", o que indica uma forte presença da indústria cultural, como pode ser observado no Gráfico 5.1. Além disso, o "jogar *videogame*" e o "ouvir música", ramos da mesma indústria, também foram citados, embora apenas por um participante cada.

---

[1] Cálculo realizado no site da Sociedade Brasileira de Hipertensão. Disponível em: <http://www.sbh.org.br/publico/testes/imc.htm>. Acesso em: 24 de julho de 2007.

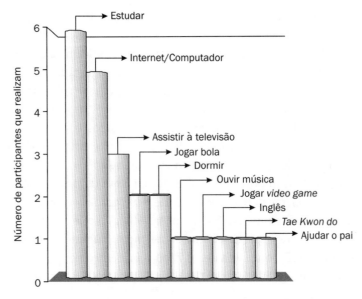

Atividades realizadas pelos participantes fora do período de aula

Gráfico 5.1: Atividades realizadas pelos participantes fora do período de aulas (estudar, acessar a internet/computador, assistir à televisão, jogar bola, dormir, ouvir música, jogar *videogame*, curso de inglês, aulas de *tae kwon do*, e ajudar o pai), e número de participantes da pesquisa que indicaram a realização delas.

Os outros dados coletados com as entrevistas sobre o relacionamento entre os alunos da oitava série e entre eles e as outras turmas revelaram, de modo geral, a existência de exclusão de colegas, apelidos e agressões físicas, sendo a exclusão e a apelidação relatadas com maior frequência – a primeira por cinco alunos, e a segunda por três –, como pode ser verificado no Gráfico 5.2.

Capítulo V
Meu odiado amigo: as ambivalências reveladas

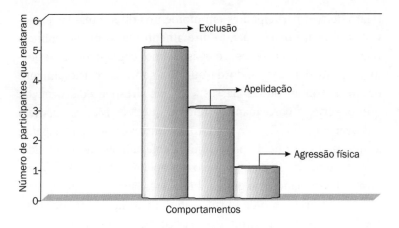

Gráfico 5.2: Comportamentos de exclusão, apelidação e agressão física, e o número de participantes da pesquisa que relataram sua existência nas relações entre os alunos no colégio.

Quando os participantes foram questionados sobre o relacionamento entre os colegas de classe, todos disseram que era bom, e que, no geral, se davam bem. No entanto, quatro participantes disseram que existia um "porém", e que, apesar de o relacionamento entre eles ser bom no geral, existiam "brincadeiras violentas" (participante 4), exclusão de um colega (participantes 3 e 6), e apelidação, ou, como se referiu inicialmente o participante 5, "zoação". O índice de exclusão que aparece no Gráfico 5.2, no entanto, refere-se não apenas às respostas aqui explicitadas, mas também àquela quando se pergunta diretamente se o participante sabe de algum caso de exclusão na escola, tanto no presente quanto em anos anteriores. A medida não é o número de pessoas excluídas, mas o número de participantes que relataram sua ocorrência; assim, é possível perceber que apenas um participante relatou desconhecer casos de exclusão no colégio. Da mesma maneira, a "apelidação" aparece no relato de três participantes em momentos diferentes das entrevistas. Em um deles quando diretamente questionado sobre o relacionamento entre os colegas, como explicitado anteriormente; em outro, quando da questão sobre o relacionamento da turma com as outras classes, em que, a respeito da turma da quinta série, o participante 1 relatou que *"eles põem uns apelidos tudo sem graça [sic]..."*; e o terceiro, na entrevista do participante 2, que, ao dizer que no passado uma colega havia sido excluída, afirmou que isso se deu por meio dos apelidos que *"a gente inventava"*. Dessa maneira, o gráfico ajuda a visualizar os relatos, mas não tem a pretensão de afirmar que um comportamento, dentre os citados pelos entrevistados, ocorre, de fato, mais do que outro naquela realidade, mesmo porque a obtenção desse índice não foi um objetivo da entrevista, assim como não é deste trabalho como um todo.

É importante verificar, no entanto, como essas questões apareceram nos relatos dos alunos, uma vez que podem conter indícios de determinantes, assim como bases manifestas, mesmo que de questões subjetivas, para interpretação e análise.

Quando questionados se já souberam de alguém que fora excluído de algum grupo na escola, como já citado, apenas um participante respondeu que não – aquele que iniciou seus estudos no ano em que a coleta dos dados foi realizada. Os outros cinco afirmaram que isso já havia ocorrido e ainda ocorre, o que dá a entender que é frequente entre eles. Alguns exemplos podem ser encontrados nas seguintes passagens das entrevistas:

> Ah, já [...] porque ele é muito chato. Sei lá, é chato, é... ele é... nossa, os assuntos que ele fala também, nada a ver [...] um assunto nada a ver, ele é chato, tem uma voz chata, ah sei lá, eu não gosto muito dele [...] Acho que ninguém gosta dele na nossa classe lá [...] Assim, acham meio chato [...] (*Participante 1*)

Capítulo V
Meu odiado amigo: as ambivalências reveladas

> Aqui no colégio, ela sofreu muito. Porque era questão de que ninguém [...] todo mundo chamasse ela *[sic]*, porque ah, chega é outro ambiente, outro lugar, então a pessoa tem que se acostumar, porque é complicado [...] (*Participante 3*)

> Ela ficava... aí ela era meio excluída assim, ficou um bom tempo, acho ela *[sic]* estudou desde a primeira até a quarta série assim com a gente [...] Também tinha uma outra menina que a gente também não gostava dela, ela era meio chata assim, muito "grudenta", muito. [...] aí depois de um tempo elas saíram da escola né? (*Participante 4*)

> Já [...] um agora [...] e já teve uma outra menina que estudou com a gente que também era meio excluída. (*Participante 6*)

A afirmação da exclusão, conforme apresentada nos exemplos acima, é imperativa, e sua justificativa deu-se com base apenas em características atribuídas àquele que foi/é excluído, como ser "chato(a)", "grudento(a)", "ter uma voz chata", "não se adaptar", "não ser muito legal". Essas justificativas também foram recorrentes para os comportamentos que os participantes denominam "zoar", mas que nas falas seguintes se caracterizam pela atribuição de apelidos ao colega:

> Ah, todo mundo se dão bem *[sic]*, só uma pessoa [...] ah, ele é muito 'vai com os outros' [...] e como ele é baixinho, zoam muito ele, daí ele às vezes se zoa achando que vai ser engraçado e normalmente não é. (*Participante 3*)

> Ah, ficava inventando 'apelidinho' [...] a gente inventava [...] porque a pessoa não era muito legal. (*Participante 2*)

> Fica colocando apelido, assim zoando *[sic]*, mas os cara *[sic]* leva tudo na boa, não tem essa, leva apelido os cara, aí os cara *[sic]* faz

161

uma piadinha assim aí quem tá [sic] com o apelido mesmo é que ri, acha engraçado, brincadeira mesmo [...] É, que nem hoje me chamaram de 'orelhão da Telefônica' [...] (*Participante 5*)

O relato de ocorrência de agressão física esteve presente apenas na fala do participante número 4, o que pode ter ocorrido ou por ser considerada apenas uma "brincadeira", ou por ser mais facilmente identificável e punida e, por isso, não ser "confessável". Tal violência aparece na entrevista com o nome de uma brincadeira denominada pelo participante de "pedala Robinho":

> [...] todo mundo é bem, bem amigo assim... assim, é, tem umas brincadeiras que num [sic]... um pouco violentas [...] Ah, de... "pedala Robinho"... não isso já passou um pouco, mas [...] Dá tapa na cabeça... ou às vezes quando faz alguma coisa que não gostou muito vai lá e reage com muito violento [sic] assim [...] a gente se trata de um jeito que, é um jeito que a gente tem pra se tratar. Assim, no final acaba todo mundo saindo amigo... apesar, quem olha de fora fala assim 'nossa, eles tão [sic] brigando', mas é normal... [ri]. (*Participante 4*)

Embora esses comportamentos tenham sido evidenciados nas entrevistas, conforme o relato dos participantes, tanto no último, em que apareceram como brincadeiras "naturais" entre eles, como na exclusão que apareceu de forma mais séria, o outro foi considerado pelos entrevistados o causador de um incômodo àqueles que o excluem ou batem. É claro que independentemente da forma (física, verbal ou simbólica), o que ocorre não deixa de ser uma violência contra o outro, e não deixa também de ter seus determinantes, que devem ser analisados para além das características individuais, tanto de quem a realiza, quanto de quem a recebe ou presencia.

Capítulo V
Meu odiado amigo: as ambivalências reveladas

Percebe-se, pelos relatos, que a exclusão de um colega é uma prática bastante recorrente entre os alunos do grupo entrevistado. Os alunos relembraram, durante a entrevista, colegas que foram excluídos e hoje não estudam mais na escola, e citaram um colega excluído frequentemente e que atualmente estuda com eles. Com base nessa questão, foram separadas partes das entrevistas que se referiam especificamente à exclusão dos colegas que não estudam mais com eles, e àquele que ainda é um colega de classe.

Os trechos das entrevistas apresentados a seguir relacionam-se aos relatos sobre colegas que foram excluídos, mas que já não estudam mais nessa instituição:

> [...] a pessoa não era muito legal! [...] ela era grudenta *[sic]*, ninguém gostava dela, ela ficava grudando nas pessoas *[sic]*, era esquisita... Eu não gostava muito dela! [...] falava umas coisas nada a ver... quer dizer, ah... ia fazer daí ela falava de fazer junto daí se falasse que não podia ia ficar chato *[sic]*, a professora ficava brava, daí ela fazia junto, daí enchia o saco, daí o trabalho não ficava bom porque tava com ela *[sic]* [...] (*Participante 2*)

> [...] antes quem era novo era bem excluído, entendeu? Porque antes não tinha tanta amizade como agora, não... é, a gente era mais envergonhado, mais fechado, agora não, é, antes todo mundo tinha pessoas excluídas *[sic]*, tipo, eu tinha, quer dizer, eu tinha uma amiga, ela foi pra Recife, mas ela foi muito excluída, ela ficou um ano mais ou menos excluída. (*Participante 3*)

> Tinha assim, tinha uma menina aqui na escola, quer dizer, a gente sempre *[sic]*... aí falava... que ia junto com ela *[sic]*, conversava com ela aí você fazia alguma coisa que ela não gostava ela vinha e te arranhava, a gente falava 'assim não dá, né?' *[sic]*, tipo, ficar convivendo com uma pessoa que você fala qualquer coisa,

ela não gosta, ela vem e te arranha? Ela ficava... *[sic]* aí ela era meio excluída assim, ficou um bom tempo [...] (*Participante 4*)

Ah, não sei, acho que o jeito dela, era, ela era toda meio... ah, não sei, ela era meio 'esquentada' assim *[sic]*, tudo, qualquer coisa que você falava pra ela, ela já ficava meio brava... é *[ri]*... e... ah... ah... acho que é mais assim *[sic]*. Também tinha uma outra menina que a gente também não gostava dela, ela era meio chata, assim, muito 'grudenta', muito... *[sic]* (*Participante 4*)

Ah, acontece às vezes porque era chata, ela fica irritando, impertinente, e aí acaba que os outros começam a não gostar dela e ela fica excluída *[sic]*. (*Participante 6*)

A respeito do colega que na época da entrevista foi apontado como excluído da turma, encontramos os seguintes comentários:

[...] porque ele é chato. Sei lá, é chato, é... Ele é... Nossa! os assuntos que ele fala também nada a ver *[sic]* [...] Ah, tipo *[sic]*, eu tô falando de uma coisa, tipo tô falando de uma notícia que aconteceu não sei o que em outro país ele, ele, ele chega falando de tipo, sei lá, 'comprei uma bicicleta nova', um assunto nada a ver, ele é chato, tem uma voz chata, ah sei lá, eu não gosto muito dele [...] nin-ninguém gosta dele na nossa classe lá... Assim, acham meio chato *[sic]*. (*Participante 1*)

[...] todo mundo se dão bem *[sic]*, só uma pessoa... [...] ah, ele é muito 'vai com os outros', tipo, parece que não tem opinião própria, você contou uma coisa, ele vai lá e conta também achando que vai ser engraçado, mais ou menos o que acontece também *[sic]*, assim, ou ele 'se acha' muito às vezes *[sic]*... ah, ele não é legal. (*Participante 3*)

Capítulo V
Meu odiado amigo: as ambivalências reveladas

> [...] ele gosta muito de futebol, e aí, é, no esporte mesmo ele quer mandar em tudo, daí na sala, daí *[sic]* também acha que pode mandar, e como ele é baixinho, zoam *[sic]* muito ele, daí ele às vezes se zoa achando que vai ser engraçado e normalmente não é [...] a nossa, 'até fulano é maior do que você' e ele sempre *[sic]*, quando tiver alguém mais alto do que ele de idade inferior ele se zoa achando que vai ser engraçado. Eu não acho engraçado. (*Participante 3*)

Aquele excluído e considerado "chato" pelos colegas, por coincidência, é também um dos participantes da pesquisa, que iniciou seus estudos no colégio no ano da coleta dos dados. Ele relatou não se sentir excluído, assim como desconhecer esse tipo de situação, embora tenha citado no início da entrevista que seu "defeito" era exatamente "ser chato", e sua "qualidade" era "passar cola" e "tentar ajudar os colegas". Confessou, entretanto, ser vítima da "zoação":

> Na minha classe... ah, legal, todo mundo é amigo, tem, tem a zoação *[sic]*, né, como sempre em todas as classes, tem dia que eles pegam um pra ficar zoando assim *[sic]*, tem dia que não [...] Fica colocando apelido, assim zoando *[sic]*, mas os cara *[sic]* leva tudo na boa, não tem essa, leva apelido os cara *[sic]*, aí os cara *[sic]* faz uma piadinha assim aí quem tá *[sic]* com o apelido mesmo é que ri, acha engraçado, brincadeira mesmo [...] É, que nem hoje me chamaram de 'orelhão da Telefônica' [...]. (*Participante 5*)

Observa-se que seu comportamento em tentar ver como engraçado ser apelidado é encarado pelos outros colegas, conforme as citações apresentadas, como mais uma prova de que "ele não é legal". Por mais que o "excluído" tente se adaptar à situação, sujeitar-se aos apelidos e às "zoações", o que ele tem conseguido é justamente o contrário. Nota-se que, quando ele se refere à classe, usa a terceira pessoa do plural, o pronome "eles", em vez de usar a primeira pessoa, colocando-se também na situação com o "nós/a gente": *"eles pegam um pra ficar zoando assim..."*, e não, "a gente pega um pra ficar zoando...", o que também pode indicar a ideia de não pertencimento ao grupo. Além disso, é interessante verificar que, de acordo com o relato do participante 2, nesse colégio, a exclusão nem sempre ocorre pelo afastamento físico entre os alunos, uma vez que, segundo ele, *"a professora fica brava"*, mas por meio dos apelidos, considerados pelo participante 5 como uma "zoação normal". Enquanto o que os alunos chamaram de "pedala Robinho" apareceu como uma racionalização na forma de integração, a apelidação e a exclusão parecem ser aqui duas faces confessadas de uma mesma situação de afastamento do outro.

Sobre a relação dos entrevistados com as outras turmas do colégio, questões interessantes são também observadas nas entrevistas. O participante 1 relatou ter um bom relacionamento com as turmas da sexta e sétima séries, porém não com a quinta:

> [...] com a quinta série a gente conversa um pouquinho [...] são diferentes [...] em tudo! Nos assuntos assim, de falar, no jeito deles [...] meio criançao *[sic]* [...] eles faz *[sic]* umas piadinhas ... É criançao *[sic]* mesmo... fazem coisas nada a ver também [...] a gente não fica fazendo as mesmas coisas que eles fazem... Nosso assunto é diferente, e acho mais interessante as coisas que a gente troca, tipo *[sic]*, é tipo, os caras fazem uma piadinha, só eles dão risada, só quem faz a piadinha dá risada, ninguém entende, se entende não tem nada a ver assim *[sic]*, não tem um pingo de graça [...] Um outro dia a gente tava *[sic]* conversando, de dentro da nossa classe a gente escutou o outro falando, não o que era que ele falou *[sic]*, só ele deu risada, mas não lembro o

Capítulo V
Meu odiado amigo: as ambivalências reveladas

que era [...] Eles põem uns apelidos tudo sem graça também... nada a ver os apelidos que ele põem. (*Participante 1*)

O participante 5 parece ter uma ideia semelhante sobre os colegas da quinta série:

"Ah, não é normal, mas leva né *[sic]*? [...] Ah, porque os molequinho *[sic]* da quinta fica *[sic]* com umas brincadeira tonta, fica, pega *[sic]*... quando um moleque da quinta traz a bola fala 'ces não vão jogar, a bola é minha' *[sic]*, e fica falando, aí os moleque *[sic]*, todo mundo quer jogar 'vocês não vão jogar!' *[sic]*, aí nós vai lá *[sic]*, tira a bola dele e joga todo mundo, se ele não quiser, pronto... Quando tipo, é eu que trago a bola *[sic]*, né, quando eu trago a bola deixo todo mundo jogar, assim é livre, agora tem os moleque da quinta, sexta..." (*Participante 5*)

Porém, segundo o mesmo participante, o "não se sentir bem" com relação às outras salas estende-se ao relacionamento de sua turma com todas as outras séries, e o diferencial é, além da idade, o que cada turma pensa sobre a outra:

[...] é, mas aqui a, ah, todo mundo não se sente muito bem eu acho, com o outro com a outra sala, né? Porque é grupos, a sétima série tem um grupo que é deles lá, a oitava tem outra *[sic]*, a quinta tem outra *[sic]*, a sexta tem outra *[sic]*. (Participante 5)

Ai, idade eu acho, né, porque cada um tem *[sic]*, cada idade cada um tem um pensamento sobre a outra série *[sic]*. Que nem, a oitava série acha a quinta muito criança então não se envolve, a quinta série deve achar os outros da oitava muito chato só porque enche o saco, mais assim... (*Participante 5*)

167

Já o participante 3 relatou conhecer uma menina da quinta série, o que faz com que tenha amizades naquela turma; entretanto, não há proximidade entre ele e as meninas da sexta série:

> [...] só que tem não conversa muito com a sexta série [sic], não tem nenhum... nenhuma coisa contra, mas ah... a gente não se conhece direito, vivencia os mesmos lugares só que não, não convive [...] Elas têm tipo um grupo já formado, é ela e a T... vivem juntas assim toda hora, então acho que pra elas já se bastam, então são bem fechadas [sic]. Pode acontecer um 'oi', tipo, se for aniversário dela, 'parabéns' [sic], coisa assim mais, é educação mais ou menos que rola muito [sic]. (Participante 3)

O participante 4 relatou não se relacionar muito com as pessoas dos outros anos; no entanto, também fez referência à pessoa que conhece e que estuda na quinta série:

> Ah eu não, eu não tenho muito relacionamento assim com, com as pessoas das outras salas, não porque 'ai é da sétima série é criança' [sic], não por isso, mas assim eu não [sic]... não sei, eu não, não me identifico assim com nenhum das pessoas, mas assim, a gente, que nem [sic], a gente tá na oitava série a gente é bem amiga de uma menina da, da quinta série. Ela é bem amiga da gente, mas tem, ai [sic], tem bastante gente que eu não gosto muito [...] Ah, não sei, deixa eu pensar... tem que parar pra pensar, né?... Ah... Às vezes umas, sei lá, umas brincadeirinhas muito assim violentas, tipo assim... não bate muito com a educação, com o jeito que eu fui criada... tudo... tudo... Assim, não, não socialmente eu não tô falando isso porque eu não discrimino ninguém porque é pobre, porque é rico, porque é negro, porque é... não por isso, porque eu não me dei bem mesmo com aquelas pessoas, pode ser até que um dia eu venha a conversar, mas nesse momento assim eu não... não sou muito amiga assim

dessas pessoas de outras salas, até se precisar conversar, conversa normal, mas... que nem a gente fica assim junto oitava série assim *[sic]*, não tem muito com as outras salas. (*Participante 4*)

A distância entre a oitava série e as outras turmas foi atribuída pelo participante 6 simplesmente ao fato de não se conhecerem, e pelo participante 2 ao fato de eles, os outros, não se aproximarem:

> [...] é que a gente passa mais tempo com, com a própria classe então acho que cria um ambiente diferente, depende do tempo que a gente fica assim com os outros e [...] é que os outros a gente nunca assim chegou a conversar... mas aí por isso acho que não tem assim contato *[sic]*... (*Participante 6*)

> Ah, elas também não conversam, eles também não conversam com a gente, daí fica assim *[sic]*... (*Participante 2*)

GRUPO DE DISCUSSÃO

Conforme consta nos procedimentos, antes de iniciar o grupo de discussão foi realizada uma dinâmica de grupo a fim de que os participantes ficassem mais à vontade, tanto para discutir quanto para estar adiante da câmera de vídeo. No entanto, no início do grupo, a pesquisadora teve de intervir algumas vezes, pedindo para que os alunos expusessem suas opiniões, participassem, o que deixou de ser necessário no decorrer da atividade. Como em todo grupo de pessoas, alguns participaram mais e outros, menos.

No primeiro trecho do vídeo, que se referia ao fato de que é natural comentar com os colegas sobre outros cujo comportamento é diferente, os participantes concordaram que, realmente, é natural, embora tenham afirmado que ser natural não significa ser bom ou certo:

> [...] porque se a pessoa é meia *[sic]* estranha, é normal você comentar, pelo menos pra mim, mas depois a gente acaba se acostumando com o jeito dela. (*Participante 2*)

> Eu acho que é uma coisa natural, mas não que isso seja certo ou bom. (*Participante 4*)

> Acaba virando até o hábito assim [...] Não que tenha que comentar, nem que seja bom, um vício, é como um vício... (*Participante 1*)

No segundo trecho, sobre ser divertido apelidar os outros – sendo o apelido reflexo do que a pessoa realmente é e, assim, não haveria problema –, inicialmente, os participantes demonstraram preocupação com o fato de a pessoa gostar ou não do apelido:

> Depende do apelido. Se a pessoa vai pôr apelido na pessoa, se a pessoa gosta e tal, não afeta ela, não faz mal pra ela, acho que se ela concordar você pode continuar porque apelido chamando ela *[sic]*. (*Participante 5*)

> [...] ela tem que falar se ela não gostar, ah, inventa outra coisa, outro apelido. (*Participante 1*)

Apesar da inicial preocupação, os apelidos fazem referência ao que eles chamam de "defeitos" do outro, e que na fala a seguir aparece como o contrário de "certo", ou seja, "errado", uma atribuição valorativa a alguma característica da pessoa:

Capítulo V
Meu odiado amigo: as ambivalências reveladas

[...] a gente chamava ele de 'Mônica', porque ele tem assim os dentes meio grandes, no começo ele reclamava, mas depois ele até que acostumou, tal... sabe, fingir que não é com a pessoa mesmo, ou aceitar os defeitos, porque todo mundo tem defeito, não existe uma pessoa perfeita no mundo. Se não for físico vai ser, vai ser alguma coisa assim do jeito da pessoa, sempre tem alguma coisa, nunca ninguém é completamente certo. (*Participante 4*)

Além disso, a postura tomada por aquele que é apelidado foi ressaltada, com a afirmação de que quem não gosta deveria "impor respeito", ou seja, colocar apelido aparece como o resultado de uma postura de quem é apelidado, mesmo admitindo-se o prazer no ato de apelidar o outro:

Eu acho que tem que ter respeito por si próprio e também pros [sic] outros respeitarem, impor respeito também. (*Participante 3*)

E se a pessoa impõe respeito os outros vão respeitar também, vão respeitar se a pessoa aceita ou não, se ela gosta ou não. Agora, pegar e ficar escutando quieto e não falar nada... (*Participante 4*)

[...] acho que não adianta nada ficar magoado, você não propõe nada praquelas pessoas pararem ou mudarem essa atitude, então, não tem jeito, elas vão continuar assim, você não se manifesta, não se mexe, é uma coisa tanto de um lado quanto do outro, né? É legal dá apelido? É! Só que assim, tem gente que sabe pôr limite, tem gente que não tem limite, vai chamar até do último nome que existir no mundo, mas, aí a pessoa que tá sendo apelidada que tinha que impor respeito... (*Participante 4*)

171

No entanto, uma contradição deve ser ressaltada aqui: é a de que, embora a pessoa deva "impor respeito", "dizer que não gosta", ela deve se acostumar, porque o que ocorre é que:

> [...] os cara ficam zoando [sic], por causa do apelido da pessoa e da reação da pessoa. (*Participante 5*)

E, assim, torna-se evidente que não adianta dizer que não gosta, pois, como afirmou o participante 4 a respeito do colega apelidado de "Mônica": "[...] *no começo ele reclamava, mas depois ele até que acostumou...*"; ou seja, a reclamação do colega não fez que os outros parassem de chamá-lo por aquele apelido e ele teve de se acostumar, mesmo a contragosto.

Na discussão do terceiro trecho do vídeo, que se refere à afirmação de que o mais forte sempre manda no mais fraco, persistiu o argumento de que a pessoa que é agredida deve se impor:

> [...] se você não tem uma educação de se impor, de se colocar, assim, não tô [sic] falando que as pessoas são mais fracas, que não são, se rebaixar, não é isso, se colocar no lugar, de impor respeito, mostrar que você também é alguém, que não é só a pessoa porque ela é mais forte ela é alguém melhor que você, ou mais do que você [...] É, se você não... se você deixa que o mais forte faça o que quiser com você, isso é sinal de que você não tem respeito nenhum a si mesmo. As outras pessoas vão lá e fazem o que querem com você? Você tem que saber o que é certo, o que é errado também, tem que saber se impor. (*Participante 4*)

Uma alternativa proposta por eles é a de procurar alguém que poderia ajudar a resolver a situação, a busca de uma autoridade que imporia respeito e faria com que o comportamento agressivo fosse reprimido:

Capítulo V
Meu odiado amigo: as ambivalências reveladas

Ah, eu acho assim, se uma pessoa vê que isso tá *[sic]* acontecendo, no caso, o mais forte tá tentando sei lá, dinheiro, sei lá, fazer alguma coisa, tem que tentar fazer alguma coisa pra reverter a história, falar com alguém, sei lá, porque se ele deixar o mais forte sempre ficar assim, fazendo essas coisas com ele, vai continuar, vai continuar, vai continuar e não vai mais parar, e aí vai ficando cada vez pior. (*Participante 6*)

Sei lá, tem que ter coragem de enfrentar o mais forte, tomar alguma atitude, contar pra alguém... não pode ficar escondendo, tendo medo... (*Participante 1*)

E, além disso, os participantes fizeram comparações desse tipo de relacionamento entre forte e fraco com o cenário das potências mundiais:

[...] os Estados Unidos, a maior potência do mundo, manda no mundo inteiro praticamente, se o país souber se impor, quem não souber ceder a tudo o que os Estados Unidos pede ou boa parte vai ter uma libertação assim, eles não vão poder fazer nada, aliás eles podem até bem tentar, aquele negócio de falar que tinha, tinha bomba nuclear, e tal, que precisava entrar lá, na verdade eles queria *[sic]* petróleo, entendeu, mas assim, as pessoas têm que se impor, têm que... isso também tem que vir dos pais, se a pessoa não acostumar a se oprimir nem a se colocar como se fosse o máximo, tem que ter um... e respeito próprio também. (*Participante 4*)

E também se a pessoa não se impor sobre aquele país, uma hora o país vai tomar conta dele e tal, daí vai... o país pode fazer mais pro mais fraco... se ele se impor... mas daí tem que saber, não ter medo, não sei... (*Participante 5*)

173

Na discussão do quarto trecho do vídeo, que se referia à formação de grupos entre pessoas que se identificam, essa relação de aproximação de "iguais" foi apresentada como natural pelos participantes:

> É, isso é natural, você se juntar mais com as pessoas que você se identifica. (*Participante 4*)

> É claro que eu vou ter mais amizade com a pessoa que eu me identificar mais, pra conversar. (*Participante 3*)

> É, eu não vou ficar andando com um cara que eu não gosto... (*Participante 1*)

> Você não é obrigado a andar com uma pessoa que você não gosta, que ela só faz coisa errada, vai acabar te prejudicando ainda. (*Participante 5*)

Embora tenha sido ressaltado que se deve aprender a conviver com as diferenças, como explicitado nas falas seguintes:

> [...] mas você também tem que aprender a conviver com as diferenças, com as outras pessoas que são diferentes de você, não que você tem [sic] que ficar andando junto, toda hora grudado na pessoa que você não gosta, não se identifica, mas você tem que pelo menos tentar compreender a pessoa, não ficar só com o seu lado de que a pessoa é ruim, é chata, é feia, é pobre, é rica, e acabou, entendeu? Você tem que tentar compreender os dois ou mais lados da história e formar uma opinião sobre isso, a partir disso, e não, não a partir de um lado só. Não necessariamente você tenha que ficar só com aquela pessoa, é claro que você vai ficar mais com quem você se identifica, mas pelo menos compreender a pessoa e saber como respeitar, como lidar com aquela pessoa, como conviver. (*Participante 4*)

Capítulo V
Meu odiado amigo: as ambivalências reveladas

Tem que pelo menos tentar conviver com a pessoa diferente assim. Tipo, mas se você vai conversar com a pessoa, não concorda com nada que você fala, cada um não concorda, daí é difícil conviver. É mais fácil tá *[sic]* com quem concorda, mas é parecido. (*Participante 1*)

Essas diferenças aparecem como valorativamente ruins, como no exemplo do consumo de drogas, que seria um "caminho ruim" e que poderia trazer consequências para quem se aproxima de alguém que as consome:

[...] é que nem uma escola nova, escola que tem vários tipos de grupo, você fica olhando pra um grupo que as pessoas tão *[sic]* se divertindo, você pensa 'ah, legal', é divertido aquele grupo. Aí você vai pra outro grupo, as pessoas ficam conversando baixo, quieto, você nem sabe sobre o que eles tão conversando, aí você se enturma *[sic]* num grupo, você vê que, aquele grupo que tava *[sic]* dando risada, você vê que não era muito bom, que eles usavam drogas, você sabe 'ah, vou ficar feliz', mas você tem que usar droga pra ficar nesse grupo, você tem, tem uma ideia daonde você tá participando... (*Participante 5*)

É isso que ele falou, sobre drogas, essas coisas, eu acho que se eu tivesse, tipo, um amigo que ele usa drogas, coisa assim, eu acho que amigo não leva pro caminho ruim *[sic]*... (Participante 3)

[...] Também, se tem um amigo que usa droga, você, você sabe que ele num... você já conversou com ele, ele não te leva pro mau caminho, faz tempo já que você é amigo dele, mas daí depois seus pais ficam sabendo, seus pais vão querer te proteger, você explica pra eles 'não, tudo bem', mas, não, 'vocês vão se meter em brigas, vão preso não sei o quê', mas também tem que saber o que o filho tá fazendo, se o filho... é que aí vira sofrimento pro filho também. (*Participante 5*)

175

No entanto, um aluno ressaltou que isso não seria motivo para se afastar da pessoa, pois as escolhas são individuais:

> Mas você não vai deixar de gostar da pessoa porque ela usa drogas, nem vai usar porque você gosta da pessoa. Cada um tem que ter, assim, opinião própria, saber formar opinião própria, isso é importante pra outras pessoas, pro mundo, e as outras opiniões tentar apreender, tem que tentar compreender, mas você também saber formar suas opiniões e mostrar e expor isso pras outras pessoas. [...] eu acho que assim, esse negócio 'amigo que é amigo' num, vê, drogas, é uma coisa ruim, a pessoa tá viciada, tá mal, tá com dívidas, tá envolvida com essas coisas assim, que não são corretas, a pessoa tem que tentar ajudar o outro tentar sair dessa situação, porque cada um ajudando o outro, cada um compreendendo o outro tudo vai melhor. (*Participante 4*)

O quinto trecho do vídeo, correspondente à afirmação de que os grupos são diferentes e que sempre existem os melhores e os piores, os que são normais e os que são estranhos, revelou que esses alunos acreditam que considerar alguém ou algum grupo "estranho" refere-se àquele que percebe, do lugar que a pessoa ocupa no ambiente social, e que seria algo natural:

> Depende da cabeça de cada um que participa de cada grupo, às vezes pra, pra uma pessoa que tá [*sic*] no meio de gente certinha, é, os drogados são piores e eles são os melhores. (*Participante 4*)

> Pode ser também, que nem, um grupo, você tá [*sic*] em um grupo, você não vai falar mal do seu próprio grupo, né? Você vai achar estranho os outros grupos, você num grupo legal você vai achar estranho um grupo de 'skatista', rap, o grupo dos drogados que nem ela tava [*sic*] falando, cada um acha os outros grupos errados, ninguém gosta do outro grupo assim, só do próprio grupo. (*Participante 5*)

Capítulo V
Meu odiado amigo: as ambivalências reveladas

Você tá num grupo, você acha aquele outro grupo diferente, as pessoas daquele grupo acha aquele grupo normal, e acham o seu grupo diferente. (*Participante 6*)

Eu acho que cada grupo vai falar mal do outro grupo, mas não que um seja melhor o outro pior, seja estranho... (*Participante 2*)

Alguns participantes ficaram incomodados com o último trecho apresentado, que se referia aos dois rapazes que colocavam a cabeça de um terceiro dentro do vaso sanitário de uma escola. A frase para esse trecho foi: "Se ele está apanhando é porque mereceu", que gerou opiniões a favor da violência, dependendo do caso, e contra em qualquer situação, como nos trechos que seguem:

Ah, depende do que a pessoa fizer. Sei lá, tem coisa que merece apanhar, mas tem coisa que não [...] Se faz alguma coisa muito errada... (*Participante 2*)

Não precisa apanhar, né? Tem um certo ponto de 'zoação' e um certo ponto de... de 'zoação' também, né? (*Participante 5*)

Nada é motivo praquilo. (*Participante 4*)

Os alunos pensaram em alternativas contrárias à violência, como conversa, por exemplo, imaginando quais situações poderiam levar àquela atitude:

[...] mas eu acho que isso também pode ser uma rivalidade entre grupos, aquele coisa que, o mais forte manda no mais fraco, não sei, teria que ver o que ele fez, pra, pra ver se é aquilo, mas, aquele tipo de... sei lá uma vingança, alguma coisa que ele tenha feito, sei lá. (*Participante 5*)

Eu acho que assim, sempre tem que haver a conversa pra, pra compreender, tipo, a ação... Pra aí você poder se relacionar com a outra pessoa. (*Participante 4*)

Tem ver de cada um [sic], ele pode ter feito uma coisa que ele acha certo, e os outros acham errado, mas... os outros acharam errado e ele certo, aí, teria que conversar primeiro, pra ver antes de fazer alguma coisa. (*Participante 5*)

[...] se a pessoa fez alguma coisa pra você, você tem que tentar ver o melhor jeito pra resolver o problema, mas não ficar dando porrada [sic]. (*Participante 6*)

CAPÍTULO VI

DA SUBJETIVIDADE À OBJETIVIDADE: OS SUJEITOS COMO REVELADORES DE SUAS CONDIÇÕES OBJETIVAS DE VIDA

A pretensão deste capítulo é realizar uma análise qualitativa dos dados apresentados, buscando suas raízes e determinações na dialética entre indivíduo e sociedade. As análises referem-se à natureza do que se descreve sob o rótulo de *bullying*, à forma como ocorre no ambiente onde os dados foram coletados e à justificativa de sua ocorrência pelos participantes, bem como a sua suposta relação com o preconceito. Tem-se plena consciência da humildade do que é aqui apresentado, bem como dos limites da amostra formada pelo pequeno número de participantes. No entanto, tal como Rouanet, considera-se que, por mais insignificante que possa parecer a alguns, "quanto mais humilde esse particular, maior a probabilidade de que em sua humildade mesma tal particular abra o caminho para a descoberta da verdade" (1998, p. 107). O compromisso travado aqui é o de levar tão a sério esse particular, a ponto de permitir que sua denúncia transcenda a ele mesmo, não para fechar uma análise e obter uma rígida generalização, mas para lançar uma luz para pensar essas questões que têm estado em voga. Longe de pretender traçar um mapa do *bullying* ou do "preconceito" no mundo, ou mesmo no colégio onde os dados foram coletados, tem-se a pretensão apenas de um exercício analítico, buscando evidências ou pistas empíricas da relação entre ambos.

Como deve ter ficado claro, ainda que com a simples apresentação dos dados coletados, a agressividade contra um colega, sem que haja motivos racionais ou mesmo evidentes, parece ocorrer cotidianamente entre os participantes da pesquisa. Os procedimentos realizados não possibilitaram conhecer quantitativamente qual comportamento é mais frequente naquele local, mas indicaram que a rígida tipologia dos comportamentos incluídos nessa violência pode ser problemática; uma vez que obtêm múltiplas faces, são adaptáveis aos ambientes. Essa questão se torna explícita, quando se observa a relação que a exclusão e a apelidação adquirem aqui. Se a exclusão, por meio do afastamento físico entre os alunos, não ocorre em virtude da interferência de uma autoridade (a professora), a agressividade acontece de outros modos, como por meio dos apelidos, estes, sim, permitidos, pois ligados ao humor – aqui não menos problemático e denunciador. A plasticidade evidenciada nessa questão exclui qualquer possibilidade de remeter a agressão a uma característica individual e natural de determinados sujeitos. Se um grupo costuma se relacionar de uma maneira específica, tem-se um forte laço com tudo que o cerca.

Alguém ainda poderia supor que a agressividade é algo inerente a esses sujeitos e apenas seu modo de exteriorização dependeria das condições objetivas – aqui se admitiria a naturalidade da violência irracional, pois atualmente se encontra em praticamente todos os ambientes e relações humanas. O que dizer, então, da divergência entre um discurso democrático já instalado e a persistência de uma prática cotidiana de segregação? Confessadamente, os sujeitos excluem-se, xingam-se e batem-se, isso porque o outro causa um incômodo com o qual não se consegue lidar de outras maneiras. Porém, a solidez do imperativo de que se deve aprender a conviver com as diferenças contradiz o que existe na prática. Essa tentativa de alinhamento entre um discurso alheio e imposto e as ações inevitavelmente condicionadas por algo além do verbal pode até mudar as formas de expressão do mal-estar, mas não faz que deixe de existir. O mal-estar não nasce junto com cada particular e, embora esteja ali expresso, é patente sua mediação pelas agências sociais e culturais.

Para Adorno (1993), além de um mero substrato biológico, os indivíduos são o reflexo do processo social, assim como a consciência que têm de si mesmos. A composição interna dos sujeitos pode ser deduzida daí. No entanto:

> Os discursos habituais acerca da "mecanização" do homem são enganosos, porque o concebem como algo estático, que por "influências" de fora, através de uma adaptação a condições de produção a ele exteriores, sofre certas deformações. Mas não existe substrato algum dessas "deformações", nenhuma interioridade ôntica sobre a qual mecanismos sociais atuariam de fora apenas: a deformação não é nenhuma enfermidade dos homens e sim uma enfermidade da sociedade, que gera suas crias com aquela "tara hereditária", que o biologismo projeta na natureza. (Adorno, 1993, p. 201)

Reconhecer a importância das influências exteriores ao homem é de extrema importância, mas corre o risco de, permanecendo nisso, subestimar e negligenciar a participação dos processos psicológicos na sociedade. É no sentido de não subestimar nem o particular nem o universal que se dá a tentativa de análise aqui exposta.

Embora os programas de TV, os *sites* de internet, os jogos de *videogame* e as músicas consumidas pelos participantes desta pesquisa não estejam acessíveis, pode-se aplicar aqui o conceito de indústria cultural e iniciar essa discussão a partir dele, uma vez que, como pode ser verificado no Quadro 5.1 e no Gráfico 5.1, constam como as atividades mais realizadas, depois apenas das tarefas escolares. Essa afirmação é, em certa medida, redundante, pois nesta sociedade é praticamente impossível encontrar alguém que não consuma algum de seus produtos – mesmo em áreas de extrema pobreza, encontra-se uma antena de televisão ou um radinho de pilhas. Antes, Adorno e Horkheimer (1985, p. 119) já alertaram: "A violência da sociedade industrial instalou-se nos homens de uma vez por todas. Os produtos da indústria cultural podem ter a certeza de que até mesmo os distraídos vão consumi-los alertadamente". Isso porque seu intuito é exatamente ocupar os sentidos de todos no período em que não estão submetidos às atividades de trabalho alienado, mantê-los sob controle e evitar tudo o que porventura pressuponha algum esforço intelectual (Adorno; Horkheimer, 1985). No entanto, iniciar por essas informações é importante, pois se considera que se deve explicitar a diferença entre, de uma maneira simplista, atribuir uma influência negativa dos conteúdos dos programas violentos de TV, ou dos jogos de vídeo game em relação aos expectadores, e considerar um modo determinado de construção da sociedade mediado pela indústria cultural, o que envolve, além do conteúdo, a análise da forma de sua apresentação.

Na primeira parte, esse conceito já apareceu com alguma explicação de seu significado e de sua influência sobre a adaptação e massificação dos sujeitos; no entanto, é necessário que se aprofunde o conhecimento sobre ele justamente para compreender como isso ocorre.

Segundo Adorno (1994a), o termo "indústria cultural" fora utilizado pela primeira vez, por ele e Horkheimer, na discussão sobre o esclarecimento como mistificação das massas, conforme o subtítulo do capítulo "A indústria cultural", do livro *Dialética do Esclarecimento* (Adorno; Horkheimer, 1985). Tal subtítulo denuncia: esclarecimento porque ela é fruto do iluminismo e contém em si todo o progresso tecnológico e científico que facilita seu desenvolvimento atrelado ao sistema econômico e administrativo, e mistificação das massas justamente porque o que é por ela expresso não surge da população geral de modo espontâneo, tal como a arte popular, no entanto ilude ao se fazer passar por categoria humana, quando, na verdade, é econômica.

Sendo formada por diversos ramos que se ajustam e se somam uns aos outros de modo a não deixar lacunas, a indústria cultural apropria-se de materiais da arte popular, atribui-lhes novas qualidades e adapta-os de modo a garantir seu consumo. Transforma o que era expressão genuína em mercadoria, fazendo que perca seu conteúdo de verdade e passe à esfera do controle social, onde o consumidor, longe de ser aquele a quem se deseja agradar, não é sujeito, mas objeto: ele não decide o que é produzido e o que consome, mas é cercado por produtos que limitam suas possibilidades de existência. Isso envolve as músicas, as novelas, os romances, as revistas, os filmes, as histórias por detrás dos jogos computadorizados, e, até mesmo, a arquitetura de casas e prédios (Adorno, 1994a).

A cultura transforma-se em mercadoria, o conteúdo de protesto da arte, em falsas qualidades agregadas aos produtos, e o seu caráter emancipador, em barbárie. Essa é a metamorfose que a palavra "indústria", associada aqui ao termo "cultura", provoca. Ela diz respeito à padronização das mercadorias e à racionalização das técnicas de distribuição externas ao seu próprio objeto, que, nessa área, são veladas pelas formas individuais de produção somadas aos procedimentos técnicos e à divisão do trabalho. São tais formas individuais que conferem ao produto a ilusão de individualidade. Aqui está localizada a força da indústria cultural, na mistura de "passadismo" com "tecnologia", de romantismo e individualismo racionalizados (Adorno, 1994a).

A falsa individualidade está em cada produto consumido, na ilusão da existência de diferenças entre os diversos horários de novelas, categorias de *best-sellers*, tipos de jogos, estilos musicais, enfim, no consumo daquilo que é tudo, menos o produto em sua forma material: a adesão a uma imagem, a tentativa de se enquadrar a um estilo, a busca da própria personalidade fora de si. Se há uma enganosa liberdade de escolha que permite ações em diversos sentidos, como comprar o romance "x" ou o livro de autoajuda "y", há uma tirania que não se expressa no ordenamento desmascarado, mas ousa se instalar diretamente na alma dos consumidores. Tal tirania não se revela apenas no conteúdo, mas na limitação do pensamento exposto aos imperativos e verdades contra os quais não se deve se impor, sobre os quais não é permitido refletir: "o poderio social que os espectadores adoram é mais eficazmente afirmado na onipresença do estereótipo imposta pela técnica do que nas ideologias rançosas pelas quais os conteúdos efêmeros devem responder" (Adorno; Horkheimer, 1985, p. 127); no fundo, "escolhe-se" sempre a mesma coisa, dentre alternativas idênticas. O maior problema é o massacre do pensamento, a limitação da consciência, e não a direção de tal limitação: "o pão com que a indústria cultural alimenta os homens continua a ser a pedra da estereotipia" (Adorno; Horkheimer, 1985, p. 139). Assim, destaca-se que

> Na formação social atual, não são os conteúdos ideológicos determinados que importam à reprodução do vigente, mas a oferta de construções que, com efetivas experiências substitutivas, preenchem os espaços expropriados das experiências autênticas, vivas, da realidade social e de suas contradições. (Maar, 2000, p. 85-86)

Tal estereotipia representa modelos segundo os quais se deve ser e agir, na ilusão de conseguir uma integração à sociedade, de lhe ser idêntico. Ainda haveria, talvez, algo de legítimo se, de fato, os sujeitos conseguissem fazer que as promessas contidas nos produtos se realizassem. No entanto, tira-se mais uma vez proveito dos consumidores em cima das promessas que não se cumprem. Na indústria cultural, uma suprema mentirosa, como ironicamente afirmaram Adorno e Horkheimer, "o convidado deve se contentar com a leitura do cardápio" (1985, p. 131) – é claro que ela não sacia a fome, mas a aguça: "Ao desejo, excitado por nomes e imagens cheios de brilho, o que enfim se serve é o simples encômio do quotidiano cinzento ao qual ele queria escapar" (Adorno; Horkheimer, 1985, p. 131). Os sujeitos não se tornam a imagem consumida, eles são dispensados do esforço da individuação, pois esta exige a reflexão. No entanto, adquirem uma pseudoindividualidade, que se trata de pura imitação:

> No rosto dos heróis de cinema ou das pessoas privadas, confeccionados segundo o modelo das capas de revistas, dissipa-se uma aparência na qual, de resto, ninguém mais acredita, e o amor por esses modelos de heróis nutre-se da secreta satisfação de estar afinal dispensado do esforço da individuação pelo esforço (mais penoso, é verdade) da imitação. (Adorno; Horkheimer, 1985, p. 146)

Ocorre a substituição de um conceito de personalidade que se remetia ao ser, por um que se relaciona ao parecer, à atribuição de características externas em busca de uma integração, de uma aceitação na sociedade da disputa e do individualismo (nas massas): "Eis aí o triunfo da publicidade na indústria cultural, a mimese compulsiva dos consumidores, pela qual se identificam às mercadorias culturais..." (Adorno; Horkheimer, 1985, p. 156).

De acordo com Maar (2000), essa apreensão de indústria cultural é integrada à crítica da economia política e situa a reificação em um âmbito ampliado de produção de mercadorias. Tal integração acaba por revelar a semiformação cultural (*Halbbildung*) como a peça-chave para a manutenção da acumulação capitalista, gerando necessidades, ou melhor, condições sociais e culturais para a reprodução do capital: "Por ela [indústria cultural] há uma permanente recriação do indivíduo (da sociedade de massa) desumanizado pela retroatividade das necessidades no âmbito do processo, para assegurar a continuidade do sistema" (Maar, 2000, p. 89). Nesse sentido, a imagem que se tem da sociedade é a imagem reconstruída a partir do capital (Maar, 2000).

A semiformação, forma dominante da consciência atual, não trata de deformação, mas de falsa formação a partir dos *tickets* repletos de ideologia oferecidos pela indústria cultural, a qual perpetua e explora essa situação. Tal estado não é algo pela metade, que tem um potencial para o completo. Ao contrário, na medida em que a semiformação é fruto de uma adaptação às categorias rígidas, vetando a possibilidade de reflexão e promovendo a conservação do estado atual da sociedade, ela obstrui o caminho da formação cultural (*Bildung*). Esta, para existir, necessita da ocorrência de um diálogo, de uma troca, da experiência e da crítica do indivíduo com relação à cultura, ou seja, de uma apreensão subjetiva da própria cultura em que o sujeito se liberta das imposições do meio em que vive – sua condição é a existência de autonomia e de liberdade (Adorno, 1992). Assim, na semiformação:

> A experiência, a continuidade da consciência em que perdura o ainda não presente e em que o exercício e a associação fundamentam uma tradição no indivíduo, fica substituída por um estado informativo pontual, desvalorizado, intercambiável e efêmero, e que se deve destacar que ficará borrado no próximo instante por outras informações. (Adorno, 1992, p. 51)

O resultado da semiformação não é a inexistência de um sujeito, mas a existência de um falso sujeito, "o sujeito da adequação" (Maar, 2000, p. 90), cuja própria subjetividade foi construída no âmbito da circulação; portanto, trata-se de uma falsa consciência. Tal subjetividade representa uma mediação deficiente entre o universal e o particular, na qual o segundo desaparece pela imposição do primeiro. Cultura, individualidade e formação ocorrem na sociedade vigente segundo a lógica do valor; assim, "por intermédio da mercadoria e seu caráter fetichista, se constrói a sociedade, se produz a formação social" (Maar, 2000, p. 92). Como bem coloca Adorno (1992), a semiformação é o espírito conquistado pelo caráter de fetiche da mercadoria.

Freud (1969a), em *Psicologia de grupo e a análise do ego*, distingue dois processos de relação do *ego* com o mundo externo que implicam a constituição de si mesmo, a identificação e a idealização. Essa diferenciação parece ter influenciado os conceitos de formação e semiformação utilizados por Adorno, no que tange à apreensão subjetiva da cultura:

> A formação se desenvolvia socialmente da mesma maneira como, segundo Freud, a autonomia, o princípio do *ego*, brota da identificação com a figura paterna, enquanto que as categorias a que se chega por intermédio desta se voltam contra a irracionalidade das relações familiares. (Adorno, 1992, p. 41-42)

Isso não significa que os conceitos freudianos de "identificação" e "idealização" possam ser diretamente relacionados aos conceitos adornianos de "formação" e "semiformação". Algum cuidado é necessário aqui, pois de fato a formação, tal como a identificação, está relacionada à autonomia. No entanto, enquanto a idealização, em um primeiro momento, faz parte do desenvolvimento normal do sujeito e pode ser superada, em alguma medida, quando se descobre a não correspondência entre o eu ideal e o objeto do qual era apreendido (como deve ocorrer na relação criança/figura paterna), abrindo espaço para a identificação, a semiformação não é um caminho para a formação; ao contrário, é uma substituta que impede ou, no mínimo, dificulta sua realização. Por outro lado, a idealização pode não ser superada, ou melhor, pode ser a forma predominante nas relações do sujeito. Nesse caso, ela é parceira da semiformação e consequente heteronomia.

Assim, para Freud, na identificação, o objeto é perdido ou renunciado, mas apropriado parcialmente pelo *ego* que se altera na medida em que dialoga com ele. Nas palavras de Freud, "a identificação aspira configurar o próprio *ego* em semelhança com o outro, tomado como modelo" (1989a, p. 100), porém ela é parcial e limitada, pois toma apenas traços de seu objeto. Já na idealização, o objeto com o qual o indivíduo se relaciona não é abandonado, mas toma o lugar do *ego* sem qualquer alteração:

> O *ego* renuncia cada vez mais toda reivindicação, se torna mais modesto, ao par que o objeto se torna mais grandioso e valioso e ao final chega a possuir todo o auto-amor do *ego*, e a consequência natural é o autossacrifício deste. O objeto, por assim dizer, devorou o *ego*. (Freud, 1989a, p. 107)

A principal diferença entre a identificação e a idealização é que, na primeira, há o enriquecimento do *ego* ao apropriar-se de qualidades do objeto, e na segunda, um empobrecimento do *ego*, uma vez que este se integrou totalmente ao objeto a ponto de se substituir por ele (Freud, 1969a). A partir daqui, pode-se considerar que o processo de desenvolvimento dos sujeitos, mediado pela indústria cultural, está mais para a realização da idealização do que para a da identificação, nos termos freudianos explicitados, ou, no âmbito da cultura, mais para a semiformação do que para a formação cultural, nos termos de Adorno. O que ocorre não é a individuação, mas a falsa conciliação entre sujeito e objeto, ou, sujeito e mundo externo, pela imitação no primeiro das imagens propostas pelo segundo.

Capítulo VI
Da subjetividade à objetividade

No entanto, voltando aos sujeitos da pesquisa apresentada aqui, se em um período sua socialização se dá pela mediação da indústria cultural, em outro se dá na escola, responsável que seria não apenas pela transmissão dos conteúdos sistematizados, mas por sua análise crítica. Porém, pode-se perceber que, mesmo nesse ambiente, a indústria cultural bem como a dominação ideológica estão presentes. Apesar de não terem sido analisadas aulas ou interações entre professores, alunos e funcionários, a chave dessa questão é colocada na entrada do estabelecimento: "Faça como seu filho: escolha o mais forte", diz um cartaz de propaganda do colégio.

Tal cartaz, embora não possa ser reproduzido aqui, por motivos de direitos autorais, pode ser descrito: à sua esquerda, há um menino entre seus 9 e 12 anos, olhos azuis e cabelos loiros, com um olhar altivo, e fantasiado de "Super-Homem". Atrás dele, há um desenho que imita uma cidade em tons de azul, substancialmente menor que o garoto, que aparece em primeiro plano. Ao seu lado, o referido imperativo dirigido aos pais: "Faça como seu filho: escolha o mais forte". Sem dúvida, a relação que se pretende estabelecer entre o imperativo e os "consumidores da educação" é um belo exemplo do que Adorno e Horkheimer (1985) denunciaram como uma mimese compulsiva dos consumidores.

Mimese diz respeito, segundo Lefebvre (1967), a um fato sociológico que envolve o psíquico, mas vai além dele, e situa-se entre a repetição e a invenção revolucionária: é uma apreensão inicial de uma *imago mundi* como modelo, e uso das formas assim percebidas como atividade, que, ao se desenvolver segundo uma forma, acrescenta algo a ela, ao não perder de vista o caráter discordante e conflitual do devir. É claro que não é esse o aspecto da mimese comentado, nesse ponto, por Adorno e Horkheimer (1985), já que não há algo que, vindo do sujeito, é acrescentado à forma da publicidade na indústria cultural, embora ela seja tomada, em si, como uma *imago mundi*. Os autores diferenciam, na parte VI do capítulo "Elementos do antissemitismo" do livro *Dialética do Esclarecimento*, a mimese genuína, essencial para a autodiferenciação do sujeito por meio da apreensão objetiva do mundo, da mimese compulsiva, que leva à falsa projeção, ou melhor, que, enquanto "traço caracterial patológico" (Adorno; Horkheimer, 1985, p. 174), se sedimenta em falsa projeção, cuja qualidade patológica é menos a projeção em si e mais a ausência de reflexão que a caracteriza e impede o sujeito de devolver algo ao objeto. Desse modo, nesta "segunda mimese", eles se referem a um aspecto que, contido na mimese genuína, é-lhe menor: uma redução à repetição imitativa, à compulsão, ao que Lefebvre (1967) chamou de "moda". Esse aspecto se relaciona à forma geral da reprodução dos objetos, ou seja, da acumulação das coisas tornadas mercadorias, riquezas e técnicas (Lefebvre, 1967). Tal forma da mimese é considerada por Horkheimer uma regressão (Horkheimer; Adorno, 1985). Ao se revelar como "catalepsia" do sujeito, é, na realidade, a fuga de uma situação desesperadora, de sua própria fraqueza, que leva, por interdição, segundo Adorno, ao antissemitismo e ao ódio ao diferente (Horkheimer; Adorno, 1985).

Enquanto a mimese genuína, em sua qualidade reflexiva e transformadora no âmbito subjetivo, se relaciona ao mecanismo de identificação por meio da possibilidade de individuação; a mimese compulsiva, que se caracteriza por sua parcialidade imitativa, relaciona-se à idealização enquanto relação estática com um modelo substitutivo do *ego*. Esse é o ponto de análise do cartaz apresentado: como um modelo com o qual não há diálogo, a relação com ele só se dá como imitação de uma imagem idealizada. Nesse sentido, é interessante notar como essa propaganda da escola inverte a relação de identificação filho-pai. Ela denuncia que, antes, os filhos já estão identificados com a figura do herói, do super-homem dos filmes, séries, desenhos animados

Capítulo VI
Da subjetividade à objetividade

e quadrinhos. Ou melhor, como considerado aqui, não estão, de fato, identificados, mas interiorizaram uma imagem idealizada de tal maneira que passaram a "ser" o próprio herói, ao qual agora é o pai quem deve se curvar.

O cartaz denuncia, dessa maneira, a substituição do pai pelo herói da indústria cultural, a fraqueza da família contemporânea no processo de desenvolvimento do filho. O pai, antiga figura de uma autoridade que era introjetada quando da solução do complexo de Édipo, deve curvar-se a uma outra autoridade que toma conta do filho em seu lugar. Uma autoridade cujas ordens já não são passíveis de serem discutidas; o seu valor é o da força, seja física ou, em se tratando da educação como produto a ser vendido, intelectual. Esses valores, propagados pela indústria cultural, são adotados em toda a sociedade, de maneira irrefletida, e como um obstáculo à autodiferenciação dos sujeitos. Isso ocorre, inclusive, no ambiente escolar, que, em vez de questionar os estereótipos, os utiliza como forma de autossustentação para garantir a venda de sua mercadoria. Afinal de contas, não é de hoje que conhecimento e poder andam de mãos dadas.

Mais ainda, aqui, quem tem o poder é o mocinho, aquele que é bom e belo. O super-homem[1] é o personagem autossuficiente que sempre salva a humanidade do mal. Então, quem seriam os que não têm acesso a essa educação? Os estereótipos têm sempre duas faces, que são tão rígidas que impossibilitam o pensamento para além dos imperativos que carregam – sua base é um pensamento maniqueísta. É claro que admitir isso é trazer à tona questões que, embora enraizadas na personalidade, estão

---

[1] Aqui se poderia estabelecer também uma relação entre esse personagem, o super-homem de Nietzsche, e o pai da horda primeva descrita por Freud, os três com atos intelectuais fortes e independentes, poucos vínculos amorosos e um grande amor voltado para si mesmo. Todos representantes de uma imagem necessária aos líderes das massas (Freud, 1969a).

contra o discurso democrático oficial, tal como o do participante 4, que, admitindo seu afastamento de determinados grupos do colégio, se defende:

> [...] não bate muito com a educação, com o jeito que eu fui criada... tudo... tudo... Assim, não, não socialmente eu não tô falando isso porque eu não discrimino ninguém porque é pobre, porque é rico, porque é negro, porque é... [sic] (*Entrevista*)

Esse participante em particular tem uma preocupação muito grande com a questão da discriminação. Desde o início da entrevista, colocou o "não saber lidar com as diferenças" como seu defeito. Ao mesmo tempo, quando discrimina produz um discurso contraditório:

> [...] você tem que pelo menos tentar compreender a pessoa, não ficar só com o seu lado de que a pessoa é ruim, é chata, é feia, é pobre, é rica, e acabou, entendeu? (*Grupo de discussão*)

> [...] assim essa coisa de preconceito racial, social nem, nem vou incluir porque acho que são coisas absurdas, não deve ter, não é pra ter [...] mas assim, de, de idade, de pensamento diferente, sempre você tem que conviver com as pessoas... (*Grupo de discussão*)

A discriminação por conta da classe social, ou por diferenças étnicas, parece ter sido substituída no discurso por diferenças no âmbito individual, de pensamento e comportamento. No entanto, como sustenta Maar:

> Toda sociedade ainda é sociedade de classes. Mesmo que subjetivamente as diferenças sejam aplanadas nas consciências em consequência da experiência facultada pela socialização

Capítulo VI
Da subjetividade à objetividade

promovida pela indústria cultural, elas, as diferenças, constituem o pressuposto objetivo da própria continuada intervenção social. (2000, p. 103)

Os valores que a indústria cultural divulga, assim como a forma como o faz, pelos *tickets*, pelo pensar rígido e estereotipado, ao serem utilizados pela escola, são confirmados e reforçados por ela. Assim, mesmo que não seja possível voltar a discriminação explicitamente ao pobre, ao rico, ao negro ou ao branco, é possível voltá-la contra pessoas definidas em termos de outras características que se harmonizam com as necessidades dos sujeitos já desapropriados de sua capacidade de autonomia de pensamento. Características estas que são antíteses do bom, do belo, do forte, como ter voz chata, ser chato e "grudenta", ou mesmo ter cabelos compridos, dentes ou orelhas grandes, como os colegas apelidados de "Cabelo", "Mônica" e "Orelhão da Telefônica". E se o herói é o modelo, características que não se alinham com ele são consideradas defeitos:

> Que nem o Cabelo, a gente chamava ele de Mônica, porque ele tem assim os dentes meio grandes... (*Participante 4 – grupo de discussão*)

> [...] hoje me chamaram de orelhão da Telefônica... (*Participante 5 – entrevista*)

> [...] todo mundo tem defeito, não existe uma pessoa perfeita no mundo. Se não for físico, vai ser alguma coisa assim do jeito da pessoa, sempre tem alguma coisa, nunca ninguém é completamente certo. E as pessoas têm que aceitar isso também, por mais que elas queiram ser completamente certas elas não são. (*Participante 4 – grupo de discussão*)

Esta última frase implica um reconhecimento de que, por mais que os sujeitos queiram se tornar idênticos aos objetos, não há meios para que isso ocorra. Porém, está implícita a ideia de que características diferentes das normas, dos padrões estético e comportamental exigidos socialmente são defeitos e estão erradas. O padrão idealizado é o "certo" que nunca se alcança, e aqui a falsa conciliação do particular com o universal torna-se reconhecida, porém naturalizada, pois uma outra forma de existência não está acessível. A imitação do objeto, como considerado, não enriquece o *ego*, mas o fragiliza, uma vez que ele passa a dar lugar a um ideal inalcançável. Por outro lado, para que o *ego* se fortaleça, ou, em sentido semelhante, para que haja uma real individuação, deveria ocorrer um afastamento contínuo da posição narcísica primitiva em direção ao outro e aos ideais culturais. Aqui está também pressuposta a separação entre sujeito e objeto. Individuação exige tanto afastamento, diferenciação, quanto diálogo, troca.

De acordo com Adorno (1992), semiformação cultural e narcisismo estão inter-relacionados na sociedade de massa. Na mesma linha, Severiano (2001) considera que esse *ego* frágil traz consigo um narcisismo que é fruto da cultura homogeneizante e totalitária vigente. Segundo os comentários editoriais da *Standard Edition of the complete psychological works of Sigmund Freud*, o termo narcisismo foi empregado pela primeira vez por Freud em uma reunião da Sociedade Psicanalítica de Viena, em novembro de 1909. Ali, o autor conceituou-o como "uma fase intermediária necessária entre o autoerotismo e o amor objetal" (Freud, 2004, p. 95).

Em *À guisa de introdução ao narcisismo*, publicado originalmente em 1914, Freud (2004) aborda esse conceito em duas dimensões, tanto em relação ao desenvolvimento normal, quanto em relação às perversões e psicoses. No primeiro caso, "o narcisismo não seria uma perversão, mas o complemento libidinal

Capítulo VI
Da subjetividade à objetividade

do egoísmo próprio da pulsão de autoconservação, egoísmo que, em certa medida, corretamente pressupomos estar presente em todos os seres vivos" (2004, p. 97). Este seria um narcisismo primário e normal, distinto do secundário e patológico, que consiste no resultado de um processo de retirada de libido dos objetos e o seu retorno ao *ego*.

De acordo com o autor, no início da vida infantil, toda libido é investida no *ego*. No entanto, no decorrer do desenvolvimento, ela começa a ser investida nos objetos, ficando o *ego* com parte dela. Desde então, a libido é distinta em libido do eu e libido objetal, opostas uma à outra, na medida em que "quanto mais uma consome, mais a outra se esvazia" (Freud, 2004, p. 99). Para Freud (1969a), a partir do nascimento, a criança dá o primeiro passo de um narcisismo totalmente autossuficiente para a percepção de um mundo externo com o qual realiza trocas, e para o início da descoberta dos objetos. No distanciamento do narcisismo primário, a libido desloca-se para os objetos; assim, um *ego* maduro pressupõe a superação desse narcisismo por meio do diálogo com o mundo externo (Freud, 2004).

A partir desse momento, Freud (2004) considera que a satisfação passa a ser buscada pela realização do ideal imposto de fora, nas concepções culturais. O narcisismo primário, de quando o sujeito era seu próprio ideal, é substituído pelo ideal de *ego*, formado principalmente pelas críticas dos pais, educadores, professores, opinião pública, e outras figuras que representam autoridade para o sujeito, tendo, portanto, uma parcela social ligada ao ideal comum da família, da classe e da nação. Ele se volta para aquilo que se gostaria de ser em busca da aceitação pelo outro.

O narcisismo secundário, por sua vez, é fruto de um retorno da libido ao *ego*, causado pela não satisfação advinda do mundo externo, e consequente frustração. O sujeito investe nos objetos e ideais de eu, diminuindo a quantidade de libido do *ego* na tentativa de amadurecimento. Porém, quando não há retorno por parte do outro, ou quando o ideal não é atingido, o *ego* fragiliza-se e, para defender-se, reinveste narcisicamente a si mesmo (Freud, 2004).

No entanto, de acordo com o próprio Freud, "em muitos indivíduos, a separação entre seu *ego* e seu ideal do *ego* não chegou muito longe; ambos ainda coincidem facilmente; o *ego* amiúde preservou sua antiga autocomplacência narcisista" (1989a, p. 122). A questão é que a idealização de um objeto ou ideal, ou de um líder, como cita Freud (1969a), é extremamente facilitada por essa circunstância de indiferenciação que, embora não seja narcisismo secundário, implica problemas para os sujeitos em seu processo de individuação, e parece ser o predominante na atualidade.

Severiano (2001) compreende que no estado narcísico, onde não há separação entre o *ego* e o ideal, a substituição desse ideal de *ego* por um objeto idealizado, no qual o sujeito busca a si mesmo, é também regressiva. Na sociedade contemporânea, tal idealização está em grande medida baseada não apenas naquelas figuras que Freud observou em sua época, pais, professores, educadores etc., mas em um estilo de vida divulgado pelos signos de consumo. Porém, tais signos, "engrandecidos e exaltados", ao serem investidos de toda a libido do sujeito, acabam por arruinar o próprio *ego* (Severiano, 2001):

> A insistência contínua e histórica em se eleger, predominantemente, os bens e serviços de consumo como substitutos do ideal de eu termina por privar o desenvolvimento do *ego* da necessária presença e vinculação com a alteridade, único meio realmente capaz de preencher o sentimento de vazio e de falta de sentido tão acentuada nesses tempos "pós-modernos". Além do mais, assim como no desenvolvimento individual e privado de cada ser humano, também no nível da cultura, o amadurecimento e

Capítulo VI
Da subjetividade à objetividade

fortalecimento do *ego* só se dá através de vínculos sociais e realizações culturais minimamente significativas, com as quais os indivíduos possam se identificar e serem reconhecidos. (p. 151)

É desse modo que, na perspectiva da cultura, o narcisismo implica também a perda do processo de individuação. O *ego* narcísico, que na busca de se fortalecer idealiza seu objeto de identificação e se substitui por ele, abate a si mesmo, pois se retira da avaliação e da crítica. Nesse ponto, a respeito do "abatimento" do *ego*, é interessante a colaboração de Amaral (1997), que realiza uma análise do narcisismo em Freud e Adorno a partir da perspectiva de J. Laplanche e sua teoria da sedução generalizada, sobre um estágio originário das relações/identificações com o outro (teoria que substitui a hipótese filogenética do parricídio por uma hipótese ontogenética). Ali, ao remeter-se à Teoria Crítica, a autora destaca que a configuração narcísica da subjetividade contemporânea é uma expressão psíquica da fetichização total da cultura, e já não implica necessariamente a recatexização de um *ego*, tal como ocorre no narcisismo secundário para Freud (2004). Segundo Amaral (1997), a regressão do espírito objetivo levou a modificações antropológicas nos indivíduos, quais sejam, regressão psíquica (paranoia) e anulação das possibilidades de autodiferenciação subjetiva. É desse modo que os homens são transformados em massa. Pela associação do máximo individualismo, que prega a manutenção de uma relação instrumental com o mundo, com a destruição do *ego*, o próprio narcisismo aparece privado de seu objeto original de investimento. Nas palavras da autora:

> Como resultado da ação do mundo administrado que retira da cultura o seu aspecto propriamente humano, decreta-se definitivamente a "sentença de morte" contra o sujeito. Ou seja, a despeito da aparente exaltação do indivíduo, adquirindo este até

mesmo o "valor de monopólio" na sociedade repressiva, o que se observa é a impossibilidade crescente de sua singularização. Deste modo, paradoxalmente, é o próprio "culto do indivíduo" proclamado pela sociedade contemporânea que engendra as condições de seu desaparecimento, bem como de sua capacidade de resistir à crescente tendência a uma integração autoconservadora. (p. 166)

Assim, tratar-se-ia de um narcisismo sem eu, de uma individualidade falsa que se realiza no consumo de mercadorias e suas imagens vinculadas. Mas a vinculação a uma imagem é um aspecto essencial contido no próprio mito. Narciso, no início, não se apaixona por ele mesmo, mas por sua imagem refletida na água. Posteriormente, ele percebe que sua paixão é pelo seu próprio corpo, do qual ele não pode se separar. Assim, ambos, imagem e corpo, ele não pode possuir – e é aqui que está seu malogro, na impossibilidade de uma relação objetal que possibilitaria tornar-se ou fazer-se tal como o objeto desejado, a ponto de morrer em sua procura. Parece que, desde o início, o narcisismo já dava mostras de ser não um amor de si, mas um amor ao espectro de si mesmo, ou mesmo a uma ideia parcial, idealizada de si, no caso, o corpo. Mesmo em Freud, pode-se considerar que, na infância, a criança é o próprio mundo, e seu narcisismo faz-se enquanto uma imagem indiferenciada, onde desejo e realização do desejo coincidem. Na doença, o sujeito não ama o *ego*, mas a imagem que passa a ter dele, no exemplo de Freud (2004), "a cavidade do molar".

Crochík (1990) considera que uma personalidade narcisista ocorre como um modo de ajustamento ao existente, à racionalidade predominante no mundo atual, e pode, inclusive, derivar da personalidade autoritária. De acordo com o autor, no narcisismo, por conta do enfraquecimento do *ego*, o sujeito guia-se por estímulos externos, e quase não tem consciência da distinção entre mundo interno e externo. Assim, a evitação do contato com outros e, dessa forma, do contato consigo mesmo é uma constante. Desse modo, se existe hoje alguma força no narcisismo, ela está vinculada a uma falha na percepção da realidade, que impede, pela impossibilidade de vínculo aos objetos, que determinadas ideias cheguem ao sujeito, que limita a apreensão do mundo externo. No entanto, isso só é uma força na medida em que a própria relação com o outro passa a ser não tão desejável, uma vez que é uma busca pela sobrevivência de um "eu" ainda que arruinado em suas possibilidades de experiência e autonomia, pois não se sabe quem é mais neurótico, se o sujeito ou a sociedade. Na verdade, não se trata de fortalecimento, mas de fuga, de um ajustamento total que acaba por ser denunciador. Por outro lado, Freud (1969a) já havia indicado que se o sujeito (narcisista) encontra na massa as imagens idealizadas de seu eu, em vez de resistir, irá aderir a elas sem hesitação, na busca de si mesmo. Trata-se, então, de um "narcisismo coletivo", em que se procura uma satisfação substitutiva na identificação com o todo, como sugeriu Adorno (1995a). Com a diversidade de "tribos" divulgadas pela mídia, é difícil, atualmente, que isso não ocorra.

    A questão presente na atualidade é que as imagens, vinculadas às mercadorias, hierarquizam e diferenciam os indivíduos, baseando-se na sua destruição. A falsidade está nas imagens, nas diferenciações ilusórias que proporcionam e nos próprios sujeitos consumidores. Segundo Severiano (2001), é essa diferenciação que é hoje a base das discriminações sociais. Se os objetos consumidos são iguais enquanto valor de uso, não o são enquanto signo que marca diferenças, estas não próprias da individuação, mas ilusórias, uma vez que não se trata de proclamação do privado, mas, sim, da "diluição do particular na totalidade social" (Severiano, 2001, p. 147). Trata-se, certamente, de um "massacre" do sujeito, por meio da reprodução, nele, de uma patologia da própria sociedade.

Com base na perspectiva de Freud, aqueles apelidos citados pelos participantes da pesquisa podem ser considerados exemplos de tentativas de triunfo de um narcisismo, por meio do humor produzido, gerador de um prazer, ou de um "divertimento", como confessa o participante 4 no grupo de discussão: "*É legal dá apelido? É!*". A principal intenção do humor é, segundo Freud (1996b), agindo em relação a si mesmo ou aos outros, trazer segurança para o sujeito, dizer que o mundo não é tão perigoso. O humor inibe as possibilidades de ação do *ego* diante daquilo que o ameaça; ele tanto impede os afetos, a que a situação compreendida como perigosa para o *ego* daria origem, quanto afasta a possibilidade de suas expressões. Sua ocorrência dá-se de duas maneiras, ambas encontradas nos sujeitos da pesquisa: dirigida para outras pessoas, ou para o próprio eu. A primeira é aquela em que alguém descreve um outro de maneira caricata; e a segunda, aquela em que a própria pessoa adota uma atitude humorística com relação a si mesma. As situações aparecem nas seguintes falas:

> [...] como ele é baixinho, zoam *[sic]* muito ele, daí ele às vezes se zoa achando que vai ser engraçado e normalmente não é [...] a nossa, 'até fulano é maior do que você' e ele sempre *[sic]*, quando tiver alguém mais alto do que ele de idade inferior ele se zoa achando que vai ser engraçado. (*Participante 3 – entrevista*)

> [...] tem dia que eles pegam um pra ficar zoando assim *[sic]*, tem dia que não [...] Fica colocando apelido, assim zoando *[sic]*, mas os cara *[sic]* leva tudo na boa, não tem essa, leva apelido os cara *[sic]*, aí os cara *[sic]* faz uma piadinha assim aí quem tá *[sic]* com o apelido mesmo é que ri, acha engraçado, brincadeira mesmo. (*Participante 5 – entrevista*)

Capítulo VI
Da subjetividade à objetividade

Segundo Freud (1996b), o humor está próximo de aspectos regressivos e reativos. Como uma tentativa de escapar dos sofrimentos causados pela não conciliação com o mundo externo, ele pertence aos métodos construídos pela mente humana com a finalidade de fugir do sofrimento por meio da liberação de pulsões reprimidas, sem que chegue a gerar culpa. A argumentação do participante 5, segundo o qual aquele que recebe os apelidos ri também, não deve ser considerada uma atitude de quem de fato não se importa, mas, ao contrário, o discurso aparece como uma racionalização. Já a ação de se "zoar", como descreve o participante 3, é, na realidade, uma defesa do *ego* por meio do humor, ou melhor, uma forma defensiva de o *ego* descarregar suas pulsões. Para Adorno e Horkheimer, ligado a uma cultura homogeneizante e totalitária

> O triunfo sobre o belo é levado a cabo pelo humor, a alegria maldosa que se experimenta com toda renúncia bem-sucedida. Rimos do fato de que não há nada de que se rir. O riso, tanto o riso da reconciliação quanto o riso de terror, acompanha sempre o instante em que o medo passa. Ele indica a liberação, seja do perigo físico, seja das garras da lógica. (1985, p. 131)

Desse modo, o aspecto essencial do humor é a recusa do *ego* de "ser afligido pelas provocações da realidade, a permitir que seja compelido a sofrer. Insiste que não pode ser afetado pelos traumas do mundo externo; demonstra, na verdade, que esses traumas para ele não passam de ocasiões para obter prazer" (Freud, 1996b, p. 166). Sua tentativa é de repúdio à realidade, mas serve a uma ilusão e à manutenção das condições de sofrimento, à manutenção de uma sociedade que é falsa, pura ideologia.

> Rir-se de alguma coisa é sempre ridicularizar, e a vida que, segundo Bergson, rompe com o riso a conciliação dos costumes,

é na verdade a vida que irrompe barbaramente, a autoafirmação que ousa festejar numa ocasião social sua libertação do escrúpulo. Um grupo de pessoas a rir é uma paródia da humanidade. São mônodas, cada uma das quais se entrega ao prazer de estar decidida a tudo às custas dos demais e com o respaldo da maioria [...] O diabólico no riso falso está justamente em que ele é forçosamente uma paródia até mesmo daquilo que há de melhor: a reconciliação. (Adorno; Horkheimer, 1985, p. 132)

Uma saída que esses sujeitos encontraram para uma agressividade deslocada que não poderia se realizar como exclusão direta, por conta da autoridade da professora, é a ridicularização por meio dos apelidos. Seu conteúdo não foge aos padrões estéticos e dos *tickets* já enraizados na psicologia dos sujeitos, que segundo Freud (1969a), em razão da presença de modelos, objetos, oponentes etc. em sua vida mental, é também psicologia social, sendo os laços com tais sua essência. É importante, nesse momento, verificar como esses modelos adquirem um papel central na atual sociedade de massas que mantém o narcisismo, ou um "espectro de narciso", segundo Amaral (1997), como uma de suas características principais.

Freud (1969a), em *Psicologia de grupo e a análise do ego*, enfatiza os modelos ao se referir ao papel do líder, ao dissertar sobre dois tipos de massas artificiais, a Igreja e o Exército. Segundo o autor, o líder aparece como alguém que investe igual amor nos membros da massa, embora o líder da Igreja não seja visível. É essa ilusão de igualdade com relação ao líder que mantém os membros integrados. Ou seja, sua ligação dá-se por meio de laços libidinais tanto em relação ao líder, quanto em relação aos membros. Se for entendido que o amor do líder não é igual a todos, ou se há a perda real ou ilusória do líder, dá-se a desintegração da massa e o pânico, que Freud caracterizou como a percepção de um perigo diante do qual antes se sentia protegido.

Além disso, o pânico "traz como consequência a cessação de todos os sentimentos recíprocos que normalmente têm os indivíduos da massa" (Freud, 1989a, p. 93). Como explicitado, as massas (ou os grupos, conforme a tradução brasileira do termo alemão *Masse*) pressupõem laços libidinais e colaboram para a limitação do narcisismo. Assim, segundo Severiano (2001), o estado de pânico é caracterizado pela elevação do narcisismo, seja pelo medo que leva cada um a pensar apenas em si seja pelo aparecimento de impulsos egoístas e hostis.

Assim, para Freud, a figura do líder é essencial para compreender as massas, cuja estrutura libidinal "reconduz à diferenciação entre o *ego* e o ideal do *ego*, e à dupla espécie de vínculo que isso possibilita: identificação, e introdução do objeto no lugar do ideal do *ego*" (Freud, 1989a. p. 123). Em situações de massa, o líder é colocado no lugar do ideal de *ego* do sujeito que se relaciona com os outros, os quais têm a mesma relação com o objeto idealizado (Freud, 1969a). Porém, na sociedade de massas atual, embora haja idealização de um líder, substituído por ideias, valores e padrões dominantes, não há identificação e sentimento de grupo com relação aos sujeitos. De acordo com Severiano (2001), as ideias que substituem o líder são aquelas contidas nos ideais de consumo e não provocam o declínio do narcisismo, mas a promoção dele. Os ideais divulgados pela mídia promovem esse narcisismo patológico e uma forte competitividade ao interpelar os sujeitos individualmente e exigir unicamente sua adesão:

> É justamente essa adesão direta aos seus códigos e o investimento em desejos estritamente pessoais e imediatos, prescindindo assim de qualquer forma de interação humana, o que funda a natureza fragmentária e narcísica do consumo. Esse "líder" não aponta para nenhum projeto futuro, ou seja, para nenhum ideal a ser realizado fora do sujeito ("ideal de *ego*"), mas unicamente

para soluções regressivas, de natureza defensiva e orientadas, basicamente, pelos mecanismos de idealização. (Severiano, 2001, p. 155)

Os produtos culturais[2] não se preocupam com seu valor de uso, pois vendem algo mais necessário para o homem das massas. Vendem "individualidades", como os exemplos de Severiano (2001): *status*, poder, diferenciação social, segurança, beleza, felicidade. A frustração pela ideia de que tal ideal não é atingido pode ser observada, por exemplo, no "defeito" que a participante 2 se atribui. Embora, como citado nos resultados, seu índice de massa corporal esteja abaixo do considerado normal pela Organização Mundial de Saúde, ela se considera "gorda". Além disso, sentimentos subjetivos, como de ansiedade, nervosismo (participante 3), e o ato de teimosia (participante 4), considerados defeitos, também revelam a presença da ideologia de manter o espírito contra qualquer inconsistência e falta de solidez, quando, na realidade, o potencial de mobilidade é, segundo Adorno (1995d), característico da emancipação do espírito, ou seja, a possibilidade de diálogo, de mudança e de reconstrução contínua de si mesmo contém o ideal de formação humana, enquanto a rigidez e a estereotipia lhe são contrárias. Contudo, essas "características", divergentes do estereótipo do homem forte e seguro, são consideradas defeitos por si mesmas, sem que se possa sequer indagar a sua origem. Por que, em um mundo onde supostamente está tudo tão perfeitamente ordenado, as

---

[2] Sabe-se que não são apenas os produtos da indústria cultural que carregam os valores, padrões e estereótipos que vendem ilusões. Debord (1997) realiza toda uma denúncia de como essas questões estão vinculadas aos produtos que inicialmente tinham um valor de uso específico, como roupas, casas, carros, alimentos etc., e de como tudo, nessa sociedade, se tornou espetáculo, inclusive a relação social entre pessoas, mediada por imagens, o valor de troca das mercadorias, reforçado, é claro, pela publicidade.

Capítulo VI
Da subjetividade à objetividade

pessoas insistem em um estado de ansiedade e nervosismo? Problemática também para esse mundo é a teimosia do sujeito que perturba ao questionar as ordens daqueles que o regem. Tratar-se-ia de teimosia ou de persistência, de tentativa de manutenção da tensão com a cultura, de tentativa de individuação? Porém, o que dizer daquele que, em tempos de administração total da subjetividade, admite seguir seus impulsos a despeito do imperativo de desprezá-los? É claro que, segundo ele (participante 6), isso é um defeito, o homem civilizado não deve ter sangue correndo nas veias, mas deve se render aos imperativos, por mais contraditórios que sejam. E, em certo sentido, ele tem razão: a violência dessa cultura irracional é tamanha, que faz do civilizado um bárbaro.

Outro depoimento interessante foi o do participante 1, que se atribuiu o "defeito" de ser preguiçoso para estudar, escrever e obedecer. A sua preguiça revela o quão desgastante lhe é simplesmente deixar-se levar pelos mandos da autoridade, pois, como atentaram Adorno e Horkheimer (1985), a imitação de modelos prontos é mais penosa do que o esforço necessário à individuação – aquela liquida esta última. E não se espera que, em um ambiente que se utiliza de estereótipos para sua promoção, o "estudar" e o "escrever" sejam algo além dessa imitação, dessa "mimese compulsiva".

Para Severiano (2001), os ideais inatingíveis divulgados pelos modelos expostos na mídia carregam, além da mistificação da ideologia hedonista, um grau elevado de violência. Violência, porque essa sociedade não dá aos sujeitos os meios necessários para alcançar os ideais, culpabilizando-os, ainda, por não conseguir fazê-lo. Os resultados disso estão além das patologias individuais, como depressão, agressão generalizada, pois mesmo que os sujeitos estejam sob o mesmo signo, não há laços afetivos que os unam. Desse modo, a aparente contradição dos discursos dos sujeitos mostra-se como o resultado das próprias contradições sociais, da impossibilidade de conciliação entre indivíduo e cultura, e não simplesmente como um desejo sem fundamentos de fazer mal ao outro. Aqui, entra em questão um mecanismo explicitado por Anna Freud (1974), a identificação com o agressor, que se caracteriza, em termos gerais, pela combinação entre os mecanismos de identificação e projeção: quando o sujeito imita ou se identifica com a autoridade que o oprime, ou com sua agressão, projeta sua agressão nos outros e passa a ser agressivo com o mundo externo pela via do deslocamento.

Porém, para a autora, esses comportamentos são naturais, comuns por parte do *ego* e fazem parte do estágio do desenvolvimento normal do *superego*, como uma fase preliminar da moralidade na vida infantil. Sua finalidade é assimilar uma experiência composta de ansiedade convertendo-a em um sentimento de segurança. O sujeito personifica o agressor, assume seus atributos ou imita sua agressão e, assim, passa de ameaçado para ameaçador, muitas vezes dirigindo sua agressão para o mundo em geral, e não para aquele que causou a ansiedade ou que se espera que a cause futuramente. Sua importância na formação do *superego* dá-se pela internalização das críticas de outras pessoas, sem que, contudo, a ameaça de punição e a ideia de ofensa tenham sido assimiladas nesse período:

> Quando uma criança repete constantemente esse processo de internalização e introjeta as qualidades dos que são responsáveis pela sua criação, fazendo suas as características e opiniões dessas pessoas, está fornecendo o tempo todo material a partir do qual o *superego* poderá adquirir forma. Mas, nesse ponto, as crianças não estão muito convencidas quanto ao reconhecimento dessa instituição. A crítica internalizada não é ainda transformada imediatamente, em autocrítica [...] é dissociada da atividade repreensível da própria criança e dirigida para o mundo

Capítulo VI
Da subjetividade à objetividade

exterior. Mediante um novo processo defensivo, a identificação com o agressor é sucedida por um ataque ativo ao mundo exterior. (Freud, 1974, p. 99)

Dessa maneira, ao mesmo tempo que há a identificação, ocorre a projeção da culpa, ou dos impulsos, comportamentos e características, para o outro, sendo intolerante com as outras pessoas, antes de ser severo consigo mesmo: "aprende o que é considerado censurável mas protege-se, mediante esse mecanismo de defesa, da desagradável autocrítica" (Freud, 1974, p. 101). Apenas quando o conteúdo internalizado, consubstanciado pelo padrão imposto pelo *superego* já desenvolvido, coincide com a percepção de suas próprias faltas, é que a verdadeira moralidade tem lugar. Com o *superego* já desenvolvido, sua severidade não se volta mais contra os outros, mas para o próprio sujeito por meio da autocrítica e do reconhecimento da culpa.

Segundo Anna Freud (1974), muitas pessoas permanecem presas nesse estágio de desenvolvimento do *superego*, e assim nunca completam o necessário processo crítico; e, embora cheguem a perceber as próprias falhas com relação às normas vigentes, ainda projetam a agressão aos outros. Se por um lado o mecanismo de identificação com o agressor é uma fase preliminar do desenvolvimento do *superego*, sendo uma atividade normal até certo ponto; por outro, quando o sujeito não a ultrapassa, tal mecanismo passa a fazer parte do desenvolvimento da paranoia. Talvez, a partir daí, não se trate mais de identificação, mas, sim, de idealização nos termos discutidos anteriormente.

Löwental (1998) observou esse mecanismo nos estados totalitários, entre os torturadores e as vítimas, denominando-o de "assimilação do perseguidor". Segundo o autor, os presos mais antigos tinham comportamentos semelhantes aos de seus algozes. Assim, os prisioneiros dos campos de concentração assumiam como seus alguns valores da Gestapo: ao se distinguir uns dos outros por raças, tentar adquirir peças descartadas dos uniformes da polícia alemã, e se divertir como eles, em um jogo no qual procuravam descobrir quem conseguia suportar por mais tempo a dor das pancadas, sem gritar ou se defender. Isso como se os próprios prisioneiros já não fossem maltratados o suficiente, e a despeito das contradições com seus valores e cultura originais.

Tal assimilação dá ao sistema de poder um sucesso que dificilmente se observa quando a interiorização dos valores e critérios postulados não ocorre. No entanto, ela não se limita aos visivelmente oprimidos, mas se estende àqueles que estão fora dos campos de concentração e mesmo àqueles que não estão sob o domínio de um regime totalitário, mas em um pretensamente democrático e liberal – que, não obstante, impõe valores e modelos por meio de seus produtos culturais, os quais, por sua vez, colocam uma barreira à crítica necessária ao desenvolvimento do *superego* (Löwental, 1998). Trata-se também, neste último caso, de opressão, porém disfarçada de liberdade. Para Adorno e Horkheimer, "a vida no capitalismo tardio é um contínuo rito de iniciação. Todos têm que mostrar que se identificam integralmente com o poder de quem não cessa de receber pancadas" (1985, p. 144). Assim, entre os participantes dessa pesquisa, o mecanismo de identificação com o agressor, a sociedade da qual constantemente recebem pancadas, também pode ser encontrado. Porém, não como uma fase do desenvolvimento do *superego*, mas denunciando a adaptação social, a idealização dos modelos e padrões de ideias e condutas, tal como na "brincadeira" "pedala Robinho", explicada pelo participante 4:

> Ah, de... 'pedala Robinho'... não isso já passou um pouco, mas...
> [...] Dá tapa na cabeça... ou às vezes quando faz alguma coisa que não gostou muito vai lá e reage com muito violento assim [sic] [...] a gente se trata de um jeito que, é um jeito que a gente tem pra se tratar. Assim, no final acaba todo mundo saindo

amigo... apesar, quem olha de fora fala assim 'nossa, eles tão [sic] brigando', mas é normal... [ri]. (Entrevista)

Com relação a esse depoimento, uma citação de Adorno e Horkheimer (1985) parece ser totalmente adequada: "Assim como o Pato Donald nos cartoons, assim também os desgraçados na vida real recebem a sua sova para que os espectadores possam se acostumar com a que eles próprios recebem" (p. 130).

Os sujeitos, assim, adaptam-se e aceitam a condição de vida nesta sociedade, onde basta que se fale ou faça qualquer coisa que os outros por algum motivo não gostem, para receber o tal "tapa da cabeça", em um contínuo desgaste e esmagamento. Do mesmo modo que essa "brincadeira" é considerada normal pelo participante 4, é interessante verificar, no grupo de discussão, como o ato de fazer comentários sobre o colega que parece diferente também assim o é. Entretanto, aqui se torna reconhecido em sua irracionalidade e considerado um vício:

> [...] porque se a pessoa é meia [sic] estranha, é normal você comentar, pelo menos pra mim, mas depois a gente acaba se acostumando com o jeito dela. (Participante 2)

> Eu acho que é uma coisa natural, mas não que isso seja certo ou bom. (Participante 4)

> Acaba virando até o hábito assim [...] Não que tenha que comentar, nem que seja bom, um vício, é como um vício... (Participante 1)

Já um exemplo da projeção da agressividade ao outro pode ser encontrado nas justificativas de exclusão dos colegas. Segundo os alunos, isso ocorre porque o outro é chato, é "grudento", tem uma voz chata, ou é violento sem razão, simplesmente como algo que faz parte de sua natureza, ou seja, a exclusão ocorre porque o outro os agride de alguma forma:

[...] a pessoa não era muito legal! [...] ela era grudenta *[sic]*, ninguém gostava dela, ela ficava grudando nas pessoas *[sic]*, era esquisita... (*Participante 2 – entrevista*)

[...] ela era meio 'esquentada' assim *[sic]*, tudo, qualquer coisa que você falava pra ela, ela já ficava meio brava... é *[ri]*... e... ah... ah... acho que é mais assim *[sic]*. Também tinha uma outra menina que a gente também não gostava dela, ela era meio chata, assim, muito 'grudenta', muito... *[sic]*. (*Participante 4 – entrevista*)

[...] um assunto nada a ver, ele é chato, tem uma voz chata, ah sei lá, eu não gosto muito dele [...] ninguém gosta dele na nossa classe lá... Assim, acham meio chato *[sic]*. (*Participante 1 – entrevista*)

Com base nessa questão, parece que os sujeitos nunca agem, mas reagem a supostos ataques. Porém, tal como com as crianças que Anna Freud analisou, a agressividade volta-se não para o causador real do incômodo – aqui a sociedade e a cultura –, mas para um substituto que carrega certas características concernentes aos estereótipos, do mesmo modo que o mecanismo de deslocamento encontrado por Jahoda e Ackerman (1969) nos sujeitos predispostos ao preconceito, citado na primeira parte deste trabalho. De maneira análoga ao que aparece como uma reação, a postura do sujeito apelidado foi ressaltada no grupo de discussão, de modo que a culpa pelos apelidos também parece recair sobre eles, embora se tenha reconhecido o prazer em apelidar o outro, o que faz surgir um reconhecimento da culpa projetada:

Capítulo VI
Da subjetividade à objetividade

> [...] acho que não adianta nada, ficar magoado, você não propõe nada praquelas pessoas pararem ou mudarem essa atitude, então, não tem jeito, elas vão continuar assim, você não se manifesta, não se mexe, é uma coisa tanto de um lado quanto do outro, né? É legal dá apelido? É! Só que assim, tem gente que sabe pôr limite, tem gente que não tem limite, vai chamar até do último nome que existir no mundo, mas, aí a pessoa que tá sendo apelidada que tinha que impor respeito [...]. (*Participante 4*)

> [...] se você deixa que o mais forte faça o que quiser com você, isso é sinal de que você não tem respeito nenhum a si mesmo. As outras pessoas vão lá e fazem o que querem com você? Você tem que saber o que é certo, o que é errado também, tem que saber se impor. (*Participante 4*)

A culpabilidade do outro também aparece nas justificativas de afastamento dos colegas de outras turmas:

> Ah, elas também não conversam, eles também não conversam com a gente, daí fica assim sic... (*Participante 2 – entrevista*)

> [...] não conversa muito com a sexta série sic, não tem nenhum... nenhuma coisa contra, mas ah... a gente não se conhece direito, vivencia os mesmos lugares só que não, não convive [...] Elas têm tipo um grupo já formado, é ela e a T... vivem juntas assim toda hora, então acho que pra elas já se bastam, então são bem fechadas sic. (*Participante 3 – entrevista*)

No entanto, nesse último caso, o que parece ocorrer é aquilo que Freud (1969a) chamou de narcisismo das pequenas diferenças, como melhor mostram os seguintes exemplos:

[...] é, mas aqui a, ah, todo mundo não se sente muito bem eu acho com o outro, com a outra sala, né? Porque é grupos sic, a sétima série tem um grupo que é deles lá, a oitava tem outra sic, a quinta tem outra sic, a sexta tem outra *[sic]*. (*Participante 5 – entrevista*)

Ai idade eu acho, né, porque cada um tem *[sic]*, cada idade cada um tem um pensamento sobre a outra série *[sic]*. Que nem, a oitava série acha a quinta muito criança então não se envolve, a quinta série deve achar os outros da oitava muito chato só porque enche o saco, mais assim... (*Participante 5 – entrevista*)

[...] são diferentes [...] em tudo! Nos assuntos assim, de falar, no jeito deles [...] meio crianção *[sic]* [...] eles faz *[sic]* umas piadinhas... É crianção *[sic]* mesmo... fazem coisas nada a ver também [...] a gente não fica fazendo as mesmas coisas que eles fazem... Nosso assunto é diferente, e acho mais interessante as coisas que a gente troca, tipo *[sic]*, é tipo, os caras fazem uma piadinha, só eles dão risada, só quem faz a piadinha dá risada, ninguém entende, se entende não tem nada a ver assim *[sic]*, não tem um pingo de graça [...] Um outro dia a gente tava *[sic]* conversando, de dentro da nossa classe a gente escutou o outro falando, não o que era que ele falou *[sic]*, só ele deu risada, mas não lembro o que era [...] Eles põem uns apelidos tudo sem graça também... nada a ver os apelidos que eles põem. (*Participante 1 – entrevista*)

Pode-se identificar aqui o que Freud (1969a) revelou como a expressão do amor a si mesmo, por meio das antipatias e aversões não disfarçadas que as pessoas sentem por estranhos com os quais se relacionam. Seu objetivo é a preservação do sujeito, uma proteção contra a percepção de quaisquer divergências que porventura envolvam uma crítica a si mesmo e a decorrente modificação de valores, ideias e atitudes já consolidadas. Tal

Capítulo VI
Da subjetividade à objetividade

narcisismo é composto por um tabu de isolamento entre pessoas que são semelhantes, a despeito de pequenas diferenças que servem de base a sentimentos de estranheza e hostilidade (Freud, 1969b), assim como ocorre entre os alunos nesse colégio. De acordo com Freud (1996c), essa hostilidade é uma satisfação conveniente e relativamente inócua da agressão, por meio da qual a coesão entre os membros de um grupo se torna mais fácil. Parece ocorrer entre as turmas desse colégio o mesmo que Freud observou com comunidades e países próximos:

> Comunidades com territórios adjacentes, e mutuamente relacionadas também sob outros aspectos, que se empenham em rixas constantes, ridicularizando-se umas às outras, como os espanhóis e os portugueses, por exemplo, os alemães do Norte e os alemães do Sul, os ingleses e os escoceses, e assim por diante. (p. 119)

> De duas cidades vizinhas, cada uma é a mais ciumenta rival da outra; cada pequeno cantão deprecia os demais. Povos aparentados se repelem, os alemães do sul não suportam os do norte, os ingleses abominam os escoceses, os espanhóis desprezam os portugueses. E quando as diferenças são maiores, não nos assusta que o resultado seja uma aversão difícil de superar: os gauleses contra os alemães, os arianos contra os semitas, os brancos contra povos de cor. (Freud, 1989a, p. 96)

O participante 5 reconhece que o estranhamento é mediado por ideias que uma turma tem da outra, nem sempre concernentes com a realidade, e repete o argumento no grupo de discussão, com o qual o participante 6 concorda:

> Pode ser também, que nem, um grupo, você tá [sic] em um grupo, você não vai falar mal do seu próprio grupo, né? Você vai

213

achar estranho os outros grupos, você num grupo legal você vai achar estranho um grupo de 'skatista', rap, o grupo dos drogados que nem ela tava [sic] falando, cada um acha os outros grupos errados, ninguém gosta do outro grupo assim, só do próprio grupo." (Participante 5)

> Você tá num grupo [sic], você acha aquele outro grupo diferente, as pessoas daquele grupo acha aquele grupo normal, e acham o seu grupo diferente. (Participante 6)

Essa agressividade que aparece como uma reação ao outro, e, portanto, como culpa dele, é algumas vezes chamada por Anna Freud (1974) e por Adorno e colaboradores (1969) de ressentimento, embora tal conceito não seja explicado pelos autores. Para Kehl (2004), o ressentimento tem uma relação com o narcisismo pela rejeição defensiva de tudo que é "não eu". No texto "Teoria da semicultura", Adorno o relaciona à semiformação cultural:

> A própria semicultura é a esfera do ressentimento puro, mas de ressentimento ela acusa qualquer coisa que ouse conservar a função de autoconhecimento. Sob a superfície do conformismo vigente, é inconfundível o potencial destrutivo da semiformação cultural. Ao mesmo tempo que se apossa fetichisticamente dos bens culturais, está sempre na iminência de destruí-los. (Adorno, 1992, p. 51)

Uma de suas características é esse "não" dirigido contra a alteridade, que impede o estabelecimento ou, pelo menos, a mobilização do *superego* ainda mal formado. No ressentido ainda não há *superego*, e o conflito ocorre entre o *ego* e as forças externas. Segundo Kehl (2004), o ressentimento é um conceito do senso comum que tem um papel central na filosofia de Nietzsche

Capítulo VI
Da subjetividade à objetividade

como crítica dos valores da modernidade; além disso, tem algumas afinidades com questões em Freud, e uma importância política: é um efeito produzido por certas condições de opressão, nas quais os sujeitos só encontram a alternativa de se debaterem em vão sob a onipresença da autoridade, e nesse sentido ele pode ser considerado um sintoma social. Há certa semelhança com a menoridade criticada por Kant (1974): a condição central de sua existência é uma relação de dependência infantil do sujeito com relação a um outro supostamente mais poderoso. Esse Outro é responsável por distribuir dons e faltas de acordo com suas preferências, e que se identifica mais ou menos com ele (Kehl, 2004).

O sujeito renuncia seu desejo e submete-se aos de um outro; no entanto, passa a cobrar pelo desejo renunciado, acusando "terceiros" pela culpa, sem se arrepender. Para Kehl (2004), o ressentimento

> É o afeto característico dos impasses gerados nas democracias liberais modernas, que acenam para os indivíduos com a promessa de uma igualdade social que não se cumpre, pelo menos nos termos em que foi simbolicamente antecipada. Os membros de uma classe ou de um segmento social inferiorizado só se ressentem de sua condição se a proposta de igualdade lhes foi antecipada simbolicamente, de modo que a falta dela seja percebida não como condenação divina ou como predestinação – como nas sociedades pré-modernas – mas como privação[3]. São os casos em que a igualdade é "oficialmente reconhecida, mas não obtida na prática" [...]. (p. 18 – grifo do autor)

---

[3] Kehl (2004) considera que se trata de sentimento de privação e não de castração ou frustração (como Freud e Adorno), pois a falta que o sujeito sente é relativa à perda real de um objeto imaginário, simbólico: "Se o que falta ao ressentido é ser o objeto que representaria o falo para o Outro, este é um objeto que nunca existiu. É um objeto simbólico. No ressentimento, a perda de que o sujeito se queixa é sentida como privação" (Kehl, 2004, p. 54).

215

Por meio do oferecimento de uma proteção imaginária, ou mesmo de uma identidade, os oprimidos identificam-se com os opressores e alistam-se às suas palavras de ordem, ao *Führer* atualmente desencarnado. Assim, o ressentido confia em uma ordem justa prometida por um Outro, e não se percebe como corresponsável pelo que lhe ocorre. Da dependência desse Outro decorre uma passividade, pois, por mais que ele se movimente, ele é reativo, suas ações não são radicais a ponto de modificar as condições simbólicas de onde o ressentimento foi gerado. No ressentimento, a vingança efetiva nunca acontece, as manifestações de agressividade contra um outro decorrem exatamente da falta de resposta imediata ao causador real do sofrimento: a vida humana desprovida exatamente de condições de humanidade. O que ocorre é um deslocamento da vingança, mas esta última não possibilita uma mudança efetiva na situação. Ao contrário, utiliza tal situação como pretexto para o deslocamento da agressividade. Em termos psicanalíticos, tendo uma relação importante com o narcisismo, com um *superego* mal desenvolvido e com a idealização, o ressentimento tem como contrapartida necessária a atribuição da culpa a um outro por aquilo que considera suas falhas (Kehl, 2004), tal como o que Adorno e Horkheimer (1985) chamaram de falsa projeção. Assim,

> A insatisfação transforma-se em ressentimento coletivo contra aqueles que representam, ao mesmo tempo, tanto os opressores quanto os ideais com os quais os de baixo se identificam. É provável que nesses casos a insatisfação se desloque, e em vez de atingir a classe governante se volte contra os da mesma classe. (Kehl, 2004, p. 213)

No entanto, a falta pertence ao mundo externo, e não ao sujeito. Ao contrário do herói romântico, aquele que com caráter trágico lutava contra a tradição e os poderes estabelecidos, o

Capítulo VI
Da subjetividade à objetividade

ressentido é o herói liberal, o *self-made man*, suposto autor de seu destino, em uma sociedade ideal que não foi realizada, que luta sozinho contra as relações de exploração (Kehl, 2004). É aquele sujeito que a educação atual cria ao dar-lhe uma falsa orientação psicológica, e segundo Freud (1996c) em nota de rodapé, "se comporta como se se devesse equipar pessoas que partem para uma expedição polar com trajes de verão e mapas dos lagos italianos" (p. 137). As condições para o ressentimento são produzidas pela própria sociedade, por meio de seus dispositivos ideológicos e tentativas de cura do mal-estar, que promovem uma servidão cujas raízes são inconscientes (Kehl, 2004).

De acordo com Kehl (2004), as sociedades modernas, ao pregarem uma suposta individualidade e autonomia inalcançáveis a seus membros, fazem que todos se sintam em dívida para com esses ideais, que centram uma soberania no eu. Seus maiores erros são negar o inconsciente e mascarar a dependência necessária entre particular e universal. Além disso, para a autora, o recurso das imagens da indústria cultural possibilita o acesso das massas aos bens que representam o modo de vida de alguns privilegiados, fazendo-o parecer como o único desejável. Porém, aqui, não cabe a ideia de que basta simplesmente privar-lhes o acesso à mídia, mas questionar sua linguagem não reflexiva.

As pessoas já não sabem mais se relacionar e resolver seus conflitos interpessoais sem a mediação da autoridade; a esfera social foi corroída pelo individualismo e pela segunda natureza da "guerra de todos contra todos", que Hobbes (2004) pensou ser primeira. Para os participantes dessa pesquisa, a alternativa daquele que já não consegue se defender, por incapacidade própria, ou pela ausência de limites do colega, é chamar uma autoridade:

Ah, eu acho assim, se uma pessoa vê que isso tá [sic] acontecendo, no caso, o mais forte tá tentando sei lá, dinheiro, sei

217

lá, fazer alguma coisa, tem que tentar fazer alguma coisa pra reverter a história, falar com alguém... (*Participante 6 – grupo de discussão*)

Sei lá, tem que ter coragem de enfrentar o mais forte, tomar alguma atitude, contar pra alguém... (*Participante 1 – grupo de discusão*)

No entanto, tal incapacidade também foi originada socialmente. Deve-se vê-la como um sintoma representante de uma oportunidade de cura para a sociedade. Ela, assim como as próprias atitudes agressivas com relação aos colegas, oferece uma brecha para que se estabeleça um ponto de vista crítico sobre aquilo que gera o ressentimento, o preconceito, a violência irracional para com o outro, e o que instrumentalmente se tem denominado *bullying*. Eis a oportunidade de ultrapassar limites. Para Horkheimer, a esperança da revolução que antes era colocada, por Marx, Lukács e ele mesmo inicialmente, no proletariado, passa a estar em todos os sujeitos da civilização, mas principalmente naqueles que, "inadaptados", são chamados loucos, delinquentes e rebeldes, cuja função é a denúncia da desrazão da ordem social (Wiggershaus, 2006).

Adorno e colaboradores (1969) encontraram, na década de 1940, sujeitos de uma sociedade democrática, cujo desenvolvimento e suas mediações os tornaram susceptíveis ao preconceito pelo tipo de relação estabelecida com a autoridade. Aqui, as relações e motivações demonstradas pelos sujeitos não parecem qualitativamente distintas. É claro que a diferença temporal recrudesceu a administração pela indústria cultural, a cada segundo mais presente na vida dos sujeitos das sociedades industrializadas, respeitando-se as características próprias de cada país ou região. Porém, embora não se tenham realizado procedimentos capazes de possibilitar a análise dos sujeitos conforme os

Capítulo VI
Da subjetividade à objetividade

tipos encontrados pelos pesquisadores em Berkeley, a condição para a predisposição ao preconceito está presente, no desenvolvimento dos sujeitos, na relação estabelecida com a autoridade e na cultura. Isso indica, por meio da análise dos dados empíricos, que, como subjacentes aos comportamentos descritos pelo vazio conceito de *bullying*, estão os mesmos determinantes do antissemitismo, guardadas as devidas proporções. E, nesse caso, remediá-lo ou preveni-lo via mais autoridade e/ou modelos de conduta é, em vez de combater o sofrimento, combater o sofredor. A questão é criticar o modo como as democracias se baseiam na destituição da capacidade de individuação, de pensamento, de autonomia por meio da tutela dos sujeitos que buscam ideais irreconciliáveis com sua própria situação, como elas se baseiam justamente naquilo que torna improvável sua efetivação.

CONSIDERAÇÕES FINAIS

"A rigor eu deveria ser capaz de derivar o fascismo das lembranças de minha infância. Como faz um conquistador em relação a províncias longínquas, o fascismo enviara seus emissários muito antes de fazer sua entrada: meus camaradas de escola". É assim que Adorno (1993, p. 168) inicia seu 123º aforismo na *Minima Moralia*, denominado "O mau camarada" – segundo a nota do tradutor, uma alusão à canção "O bom camarada", popularizada pelos nazistas. Trata-se de um aforismo escrito em 1935, embora publicado dentre aqueles escritos entre 1946 e 1947. Ali, relembrando seus anos escolares, Adorno considerou o comportamento de alguns de seus colegas como uma "encenação" da opressão de todos por todos, vivida na moderna sociedade burguesa, e viu, na ditadura de Hitler, traços de cada um deles. Para ele, o pesadelo de sua infância foi a "pré-história" do que veio a se concretizar no fascismo:

> Os cinco patriotas que se precipitaram sobre um único colega, espancando-o, e que o difamaram como traidor da classe quando ele se queixou ao professor – não são eles os mesmos que torturaram prisioneiros para desmentir os que, no exterior, diziam que se torturavam prisioneiros? Aqueles cujas zombarias eram intermináveis quando o primeiro da turma falhava – não foram eles os que com caretas risonhas e um tanto embaraçados, cercaram o detento judeu e caçoaram quando este, de maneira desajeitada, tentou se enforcar? (1993, p. 169)

Parece que os "emissários" do fascismo estão ainda presentes, ou melhor, que a opressão continua a produzir pessoas tão predispostas ao preconceito quanto outrora, na Alemanha do início do século XX. O que recebeu o nome de *bullying*, na Escandinávia do fim da década de 1960, há muito se fazia presente como sintoma do que estava por vir: o ápice da irracionalidade moderna, da transformação, sem distinção, de pessoas em objetos, em meios, e dos meios em fins, da razão instrumental, do preconceito. Seu símbolo maior, Auschwitz, foi desativado. No entanto, não teria toda a sociedade se transformado em um grande campo de concentração? Os "maus camaradas", os pequenos *bullies*, como denominados na língua inglesa, os agressores dos colegas de escola, seriam ainda emissários de algo por vir, ou hoje já têm um outro papel, o de representantes do que de fato saiu vencedor da Segunda Guerra Mundial? Não se pode esquecer aqui de que se trata de momentos históricos diferentes. No passado, a transição do *Reich* de Wilhelm II para a República de Weimar; agora, supostas democracias. Porém, Adorno (1995a) chegou a enfatizar, em uma palestra proferida na Radio Hessen em 18 de abril de 1965, que a exigência da não repetição de Auschwitz deveria ser a meta da educação, a primeira exigência, antes de qualquer outra. Auschwitz, não "apenas" como marca de um dos maiores genocídios da história, mas, principalmente, como símbolo da ruína da formação na sociedade capitalista, foi, ela mesma, uma regressão à barbárie, que ainda existirá enquanto as condições que a geraram persistirem no que têm de fundamental. Embora, atualmente, ela esteja aparentemente invisível e pareça explodir em forma de agressão e violência em alguns sujeitos apenas "esporadicamente", a imposição da pressão social ainda é constante, e o que seria esporádico apresenta-se, na realidade, como regra. Isso porque, segundo Adorno (1995a), no texto "O que significa elaborar o passado", a sobrevivência do nacional-socialismo na democracia é potencialmente mais ameaçadora do que grupos de resistência fascista que se colocam contra a democracia. Trata-se de uma corrosão por dentro, em que aqueles que representariam o retorno da barbárie só o fazem porque as condições objetivas são favoráveis a isso. No referido aforismo, o próprio Adorno parece ter dado, sem saber (uma vez que o conceito de *bullying* lhe é posterior), seu testemunho a respeito da aproximação entre *bullying* e preconceito. Contudo, as semelhanças, mas principalmente as diferenças entre ambos, devem ser aqui explicitadas. Ambos, enquanto fatos ou tendências, encontrados empiricamente, são, como já considerado, frutos da razão instrumental, de uma sociedade administrada em que a conciliação entre os sujeitos e a cultura está impossibilitada. Nesse sentido, o conceito descritivo de *bullying* foi colocado, na página 91, ao lado de uma citação de Crochík (2006) sobre o preconceito. Embora não faça justiça ao conceito apresentado posteriormente com as várias mediações nele implicadas (capítulo III), tal citação revela as semelhanças dos fatos descritos que foram também encontradas nos dados empíricos e análises realizadas[1].

---

[1] Outra questão interessante para apontar aqui é que a relação amor/ódio, que por vezes denuncia essa não conciliação ou uma conciliação forçada entre indivíduo e cultura e remete à identificação com o agressor, ao ressentimento e mesmo à falsa projeção, tem indícios na etimologia da própria palavra *bullying*, que, no entanto, parece não ter sido levada em conta, ou mesmo verificada, pelos pesquisadores do tema. Segundo o *Online Etymology Dictionary* (On-line, s/d), trata-se de um verbo derivado do substantivo *bulli*, surgido no século XVI e utilizado pelos enamorados no sentido de *sweetheart* (namorado, amor). Origina-se do holandês *boel* (amante, irmão) e do alemão *buhle* (amante). No século seguinte, o significado foi deteriorado e passou de "bom camarada" para "hostilizador do fraco", tanto por influência da palavra *bull* (touro), quanto por sua utilização para designar "cafetão", em um sentido conexo entre amante e desordeiro. Sendo utilizada como verbo a partir de 1710, a palavra carrega essa relação, inclusive na gíria *bully of you!* surgida nos Estados Unidos em 1864 (no sentido de admirar, ter respeito). Assim, embora tal significado não seja acessível atualmente aos falantes do idioma, a intimidação que passou a designar parece estar ligada a uma relação de afeto entre agressor e hostilizado.

Seriam, então, dois nomes para um mesmo "fenômeno"? Sim e não. Falar em termos de *bullying* é trazer à tona uma discussão que até então era pouco realizada e que, exatamente por ser uma questão circunscrita em locais determinados e vivenciada por sujeitos ainda na infância, o conceito de preconceito, por tratar de um aspecto geral da condição humana atual, sozinho, não alcançou. Sem dúvida, trata-se dos mesmos comportamentos ou, ainda, de uma mesma racionalidade reinante antes e agora, na sociedade como um todo e nas relações entre os colegas escolares. No entanto, o surgimento de um conceito específico para dada situação abre um caminho que possibilita pensar sobre ela. Por outro lado, falar somente em termos de *bullying*, como se descreve atualmente, é deixar de lado exatamente essa possibilidade de reflexão que leva a ultrapassar o próprio conceito, pois, como algo estático, não permite que as condições atuais, que estão no cerne daquilo que é descrito, sejam reveladas. Falta ao conceito de *bullying* deixar de lado esse seu caráter meramente descritivo, a ilusão de que a ordenação dos fatos superficiais permitiria um controle sobre eles. É nesse sentido que *bullying* e preconceito são conceitos diametralmente opostos.

Isso pode ser percebido, se forem comparados ambos os conceitos, lado a lado. O *bullying* é baseado na descrição, com pretensão imitativa, dos fatos empiricamente observáveis. O preconceito é conceituado na dinâmica entre particular e universal. O primeiro é positivo; o segundo, dialético. As tipologias apresentadas – no caso do *bullying*, as vítimas, os agressores e as testemunhas, e no caso do preconceito em *A personalidade autoritária*, as configurações psicológicas dos sujeitos, chamadas de tipos ou síndromes – também trazem essa marca. As tipologias do *bullying* tratam o que é dinâmico como estático, descrevem o que está na superfície e assim tomam o epifenômeno pela própria coisa, a aparência pela essência, transformam o mediado em imediato. Por seu turno, o que Adorno e colaboradores

(1969) fazem é respeitar o caráter dinâmico do objeto estudado, e não negar toda e qualquer conceituação, mas apenas aquelas que trazem consigo uma qualidade sectária, irreflexiva, aquelas que "travam" a própria possibilidade de conhecimento. Essa possibilidade deveria estar em sua razão de ser, pois os autores consideram que conhecimento não é mera classificação, mas classificação é uma condição para o conhecimento e sua finalidade é a emancipação humana, e não o controle e a dominação dos homens pelos homens. O conceito de *bullying* é, ele mesmo, preconceituoso: estuda a opressão de modo opressivo, trata o homem (já reificado) como objeto, instrumento, e, nesse sentido, vai contra sua emancipação; seu objetivo é justamente o controle e a dominação.

Tal controle pode ser inferido, inclusive, da utilização do conceito de *bullying* realizada atualmente pela indústria cultural. Os diversos exemplos apresentados previamente dão mostras dessa utilização: revistas e jornais de circulação nacional, como *Nova Escola, Atrevida, IstoÉ, Viver Mente e Cérebro, Folha de São Paulo* e *Estadão*, assim como os programas de televisão *Mais Você* e *Fantástico*. Em todos os casos, a conceituação de *bullying* utilizada é exatamente a mesma da literatura especializada, além de, via de regra, estar acompanhada de receitas para solucionar o "problema", o que leva a desconfiar de que existe algo em comum entre a ciência do *bullying* e a indústria cultural. Sem aprofundar aqui essa discussão, e apontando para a possibilidade de uma análise posterior complementar para o presente trabalho, algumas questões podem ainda ser pensadas.

De início, pode-se reconhecer a presença da racionalidade instrumental em ambos, ciência e entretenimento. A indústria cultural tem, como explicitado no decorrer do trabalho, um desenvolvimento atrelado tanto às ciências e ao progresso tecnológico quanto ao sistema econômico e administrativo, e suas mercadorias se dão em um âmbito ampliado que arrefece a reificação. Ela se apresenta, assim, como um espírito objetivo que readquire tendências antropológicas em seus consumidores, por meio de seus produtos carregados de estereótipos, os quais ajudam a propagar e a fixar. Sua linguagem é a do *ticket*, a da limitação das possibilidades de experiência. Enquanto entretenimento e indústria, ela se mostra parceira da alienação e da subjugação dos homens.

O conceito de *bullying*, por sua vez, revelou-se como originado de uma ciência que, derivada do positivismo, ao tentar harmonizar conceito e fatos, acontecimentos, e se relacionar linearmente com o existente limitando-se a sua descrição, faz de si mesmo um interesse da sociedade industrial: conhecimento para o controle e não para a libertação.

Além disso, a mera descrição dos fatos, em sua superfície, não é neutra, assim como não são as notícias divulgadas pela mídia. No entanto, uma suposta pretensão de neutralidade encontra-se em ambos. Porém, a linguagem do *ticket* está presente não só nos produtos da indústria cultural como já diagnosticado, mas também no conceito de *bullying*. Existem o agressor, a vítima e a testemunha, a vítima típica, a vítima provocadora, a vítima agressora, entre outros rótulos disponíveis no conceito. Existe um sujeito que é o culpado, seja o que agride, o que não sabe se defender, seja um terceiro que teria um papel de autoridade, mas não a utiliza de modo "adequado": punindo ou aconselhando para uma suposta "paz". O sujeito é aquilo que está descrito e nada mais e, assim, o pensamento permanece paralisado. Ou seja, trata-se de um terreno fértil para o pensamento etiquetado, e para o próprio preconceito voltado contra os sujeitos assim classificados. E isso não apenas pelo conteúdo da classificação, mas principalmente por sua rigidez positiva, e, consequentemente, pela mentalidade que surge, ou que é reforçada por ele. Vale ressaltar aqui que não é apenas o conteúdo do *ticket* que é preconceituoso, mas a mentalidade produzida a partir de sua forma congelada. Por conseguinte, propor uma educação baseada em receitas, mesmo que supostamente voltada para o bem-estar comum, é manter os homens sob o jugo de ideias preconcebidas, é privá-los do desenvolvimento da autonomia, mantendo neles a rigidez do pensamento, característica do preconceito. A reprodução do vigente, na atualidade, baseia-se exatamente na oferta dessas construções que funcionam como experiências substitutivas e impedem a experiência autêntica da realidade social e de suas contradições.

É apenas a partir da compreensão desse aspecto que o estudo do conteúdo dos *tickets* passa a ter um valor emancipatório, uma vez que tal conteúdo não é a causa direta do preconceito, mas apenas um determinante contido em sua constelação. Isso, inclusive no âmbito da cultura. Por que o judeu foi "o povo eleito" pelos nazistas? A história dos povos e do desenvolvimento das culturas tem uma função importante para a compreensão de seu papel de bode expiatório, mas sozinha não abarca a dimensão do que está incluído ali. É preciso compreender o concomitante desenvolvimento da racionalidade instrumental, subjacente a toda manifestação do preconceito e a toda visão de pessoas como objetos. É preciso compreender como essa racionalidade se enraíza nas personalidades dos sujeitos, inclusive como um modo de adaptação ao mundo administrado, uma tentativa de reconciliação forçada entre indivíduo e cultura. Olweus (1993) tem razão, quando considera que o *bullying* diz mais respeito às necessidades do sujeito que agride do que às supostas diferenças das vítimas, porém erra quando caracteriza tais necessidades como inatas aos sujeitos, ou, simplesmente, resultado de uma não adaptação, de uma falha na educação, ou de uma influência dos conteúdos violentos contidos nos filmes e nos programas de televisão. Se a educação hoje, em todos os âmbitos, não é um fator de emancipação e segue justamente a linha informativa, a mimese compulsiva, ela tem, nesses sujeitos, a prova de sua eficácia. As diversas pesquisas internacionais sobre os "grupos-alvo" de *bullying* acertam, quando consideram que a história da cultura tem um papel na ocorrência da vitimização de determinados sujeitos, mas falham quanto à compreensão da racionalidade subjacente à adesão dos sujeitos aos estereótipos e a função disso na psicologia individual. Sem essa compreensão, corre-se o risco de culpar as próprias vítimas. No entanto, se tal racionalidade não fosse hegemônica, os estereótipos não encontrariam eco nos sujeitos.

Talvez seja interessante apresentar essas questões em três níveis: a racionalidade instrumental no âmbito da sociedade administrada, os fatores subjetivos da adaptação irrestrita e os estereótipos culturais. Embora se reconheça que tais questões não possam ser separadas senão forçosamente, estes últimos são a parte "móvel", uma vez que, em dado momento, podem ser os ideais nazistas os dominantes, em outro, os comunistas, ou os neoliberais. Portanto, se uma sistematização do que tem sido dominante atualmente, mesmo com base em um estudo histórico, for realizada, deve-se ter claro que o problema principal é a forma do *ticket* em si e menos seu conteúdo, embora ele possa ser base para expressões mais ou menos violentas. Embora muito importantes para a compreensão histórica do momento atual, tais estudos precisam de um cuidado especial para não desembocar em ideologia, seja como base explicativa para o vigente, seja como idealização de "outra" sociedade como aparência. Considera-se que estudá-los é válido, principalmente quando se tem como meta compreender o passado e o presente, não como pontos fixos, mas para conferir um sentido para a história e reelaborar a relação entre ambos, para apreender o presente como histórico e, por isso, passível de mudança, de práxis. Porém, a despeito da inegável importância de estudar essas questões, pretendeu-se enfatizar e denunciar que, na formação social atual, a reprodução do vigente está calcada menos nos conteúdos ideológicos determinados, e mais na oferta de construções na forma da estereotipia. O próprio Adorno (1995a) considerou que os resultados da pesquisa "A Personalidade Autoritária" revelaram que as personalidades que se desenvolvem nesse meio não se relacionam tanto com critérios econômico-políticos, mas se definem muito mais pela identificação ao poder enquanto tal, independente de seu conteúdo. O fato é que as pessoas não deveriam ser manipuladas, seja para o "bem", seja para o "mal". Qualquer que seja o *ticket*, é contrário ao ideal de autonomia.

É essa autonomia, no sentido kantiano, como exigência da libertação do homem de sua autoinculpável menoridade, de deixar de ser guiado por outrem (Kant, 1974), que deveria ser o objetivo da educação, e não o seu contrário. No entanto, uma educação que conduza a essa autonomia tem de levar em conta as condições da subordinação da reprodução humana em sociedade e na relação com a natureza, os determinantes objetivos e subjetivos da limitação do esclarecimento. Essa educação se vincula a um sentido ético, o que não significa que deva se basear em "bons conselhos", ou em "aperfeiçoamento moral", mas, sim, que necessita de intervenções objetivas no nível das condições tanto sociais, quanto psicológicas, em que a barbárie está baseada. Essas condições não se dão ao acaso, estão intimamente vinculadas ao desenvolvimento da racionalidade necessária no e ao capitalismo tardio, que ao mesmo tempo em que gera tal racionalidade, necessita dela para se manter. Por isso, a educação que leva à emancipação é, necessariamente, uma educação crítica que se faz como resistência à sociedade atual responsável pela desumanização dos próprios homens. Uma educação que vai além da apropriação das técnicas, abrindo-se para a elaboração da história, em busca de condições objetivas para a realização da experiência formativa (Maar, 1995). A educação, para Adorno (1995a, p. 141), não deve se basear na modelagem de pessoas nem na mera transmissão de conhecimentos, mas na "produção de uma consciência verdadeira".

Trata-se de tornar as pessoas conscientes dos mecanismos que provocam nelas mesmas o preconceito. De buscar nelas esses mecanismos que as tornam aptas a atos de barbárie e revelá-los, para que, na medida em que se tornem conscientes, também se tornem incapazes de cometê-los, não imediatamente, mas, pela via de uma reflexão sobre si mesmas. Trata-se, portanto, de um reforço da autoconsciência e, consequentemente, do eu, o que inclui a consciência da cultura e dos truques das propagandas que atingem as disposições psicológicas. A educação para a dureza, que concerne em premiar a capacidade de suportar a dor e reprimir o medo, e o princípio da competição como instrumento central da educação têm de ser também desmascarados, pois significam indiferença para a dor em geral e realização, no outro, da dor que o sujeito teve de reprimir. Isso também precisa se tornar consciente, pois "quando o medo não é reprimido, quando nos permitimos ter realmente tanto medo quanto esta realidade exige, então justamente por essa via desaparecerá provavelmente grande parte dos efeitos deletérios do medo inconsciente e reprimido"; isso, porque a autoconsciência é um fator importante para o desenvolvimento da autonomia (Adorno, 1995a, p. 129).

A própria ideia de democracia remete a uma subjetividade autônoma, e só é possível se formada por pessoas aptas e com coragem de se servirem de seu próprio entendimento. Ou seja, uma democracia, que opera segundo seu conceito, só existe de fato enquanto uma sociedade composta por pessoas emancipadas: quem defende ideais contrários à decisão consciente independente de cada indivíduo em particular, mesmo se são difundidas no plano formal da democracia, é antidemocrata. Por sua vez, atualmente, só é possível vislumbrar a autonomia se for como crítica ao existente, à própria sociedade que obscurece a consciência, e por meio de uma educação dirigida à autorreflexão crítica; portanto, uma educação política desde a primeira infância. Isso porque, na sociedade de hoje, as pessoas não podem existir de fato conforme suas próprias determinações. A ideia é a de que a reflexão sobre o vigente leve a um esclarecimento geral que, por meio da consciência, produza um clima intelectual, cultural e social que torne cada vez menos possível a barbárie. Não se trata, portanto, de um modelo ideal de homem emancipado (Adorno, 1995a).

A autorreflexão crítica tem o sentido de livrar os sujeitos da condição de heteronomia, da dependência de mandamentos, normas e modelos que são independentes da razão do próprio indivíduo. De certo modo, ela tem a intenção de fortalecer o *superego*, enquanto consciência moral, para que ele não seja substituído, ou substituível, por autoridades exteriores e intercambiáveis, tal como ocorre atualmente na adesão aos ícones de consumo. É a idealização do existente, do dado, do poder enquanto tal, que gera o potencial totalitário. Segundo Adorno (1995a, p. 43), "este é reforçado pela insatisfação e pelo ódio, produzidos e reproduzidos pela própria imposição à adaptação", ou seja, pela impossibilidade de autonomia, promessa da própria democracia. Por sua vez, a adaptação é também um objetivo da educação, que deve preparar os homens para se orientarem no mundo. No entanto, isso não significa que deva simplesmente produzir pessoas totalmente ajustadas, uniformizadas, conformistas. Existe uma relação dialética entre os sujeitos e o mundo, que visa à superação permanente da alienação, de que deve se ocupar a educação.

No entanto, realizar uma educação voltada para a emancipação, como um plano, não requer um mergulho irrefletido na prática pedagógica e deixar de lado a teoria que permite chegar até aqui, mesmo porque todos estão, em alguma medida, subjugados pelo existente; o educador também foi educado segundo a lógica do mundo atual. A tradução da teoria para a prática não é tão direta, em termos estritamente sistemáticos, como se espera, mesmo porque não se trata de meios educacionais específicos, ou de determinados estratos sociais, mas se refere ao conjunto da sociedade, a um plano subjacente à formação do eu. A individualidade e a autonomia estão impossibilitadas pelos processos sociais que já não exigem propriedades individuais (Adorno, 1995a). A prática, para o autor, só se realiza enquanto práxis transformadora por meio da teoria que atinge esse potencial; teoria esta que se faz em constante diálogo com o mundo empírico e descobre nele o que o transcende e tem o potencial de ir além do que está dado.

Nesse sentido, algumas sugestões para a continuidade destes estudos são apresentadas. No que se refere à pesquisa empírica, seria interessante ampliar o grupo pesquisado e estudar como as relações de violência entre os pares se dão em diversas escolas, voltadas para diferentes parcelas da população, ou mesmo em grupos que se diferenciam dentro de uma mesma escola e defendem diferentes padrões de ideias. Outra opção é a questão de gênero, como meninos e meninas vivenciam o *bullying* e qual a relação disso com os papéis sociais que lhes são impostos. Isso, não para diferenciar os sujeitos e classificá-los como mais ou menos violentos, mas como um ponto de ancoragem para a crítica, para verificar como a pressão social se impõe a cada um em suas diferentes formas, de acordo com as necessidades de se reproduzir e conservar. Algumas questões teóricas também são interessantes de serem estudadas, como a relação entre o conceito formal de *bullying* e a indústria cultural (como já assinalado); o conceito de democracia e sua utilização pelos pesquisadores do *bullying*; as intervenções propostas pelos autores como modos de limitação da consciência e de controle, em vez de ampliação da consciência e autonomia; e a relação da história da cultura, por exemplo, brasileira, com a predominância da razão instrumental nas relações entre os homens e com a violência entre os colegas de escola.

Essas questões apresentam, ao mesmo tempo, os limites e as possibilidades deste livro. Por um lado, pretendeu-se dar um primeiro passo para a realização de uma análise do *bullying* no que se refere tanto à crítica à ciência, quanto à crítica à cultura. Por outro, diversas questões não foram respondidas, mas foram, por seu turno, geradas. Elas devem impulsionar novas pesquisas nesse campo, uma vez que a intenção não foi dar o assunto por acabado, ou abarcar todas as análises possíveis, mas justamente abrir um caminho para a reflexão. Mesmo Adorno (1993) chegou a alertar que um autor tem de saber abrir mão, inclusive, de ideias fecundas, quando a construção do texto exige. Escrever é escolher caminhos e abandonar outros. A supressão ou o não desenvolvimento de ideias já apresentadas devem contribuir para a força do próprio texto e para impulsionar o pensamento para a mudança, para a reflexão sobre o objeto e, consequentemente, para um passo da teoria na direção da realização de seu potencial de práxis, portanto, para a própria subversão do que está dado.

REFERÊNCIAS BIBLIOGRÁFICAS

ADORNO, T. W. El objecto no es um dato. In: *Dialéctica negativa*. Madrid: Tauros, 1975.

_____. De la relación entre sociología y psicología. In: *Actualidad de la filosofía*. Barcelona: Ediciones Paidós, 1991.

_____. Teoria da semicultura. In: RAMOS-DE-OLIVEIRA, N. (org.) *Quatro textos seletos*. Araraquara/São Carlos: Unesp/UFSCar, 1992.

_____. *Minima moralia*: reflexões a partir da vida danificada. São Paulo: Ática, 1993.

_____. A indústria cultural. In: COHN, G. (Org.). *Theodor W. Adorno*. São Paulo: Ática, 1994a. p. 92-99.

_____. Crítica cultural e sociedade. In: COHN, G. (Org.). *Theodor W. Adorno*. São Paulo: Ática, 1994b. p. 76-91.

_____. O ensaio como forma. In: COHN, G. (Org.). *Theodor W. Adorno*. São Paulo: Ática, 1994c. p. 167-187.

_____. *Educação e emancipação*. Rio de Janeiro: Paz & Terra, 1995a.

_____. Experiências científicas nos Estados Unidos. In: *Palavras e sinais*: modelos críticos 2. Petrópolis: Vozes, 1995b. p. 137-178.

_____. Notas marginais sobre teoria e práxis. In: *Palavras e sinais*: modelos críticos 2. Petrópolis: Vozes, 1995c. p. 202-229.

_____. Sobre sujeito e objeto. In: *Palavras e sinais*: modelos críticos 2. Petrópolis: Vozes, 1995d. p. 181-201.

_____. *Epistemología y ciencias sociales*. Madrid: Fronésis Cátedra, 2001.

_____.; HORKHEIMER, M. *Temas básicos da sociologia*. Trad. Álvaro Cabral. São Paulo: Cultrix, 1973.

_____.; _____. *Dialética do esclarecimento*: fragmentos filosóficos. Trad. Guido Antônio de Almeida. Rio de Janeiro: Jorge Zahar Editor, 1985.

ADORNO, T. W. et al. *The authoritarian personality*. New York: WW Norton, 1969.

ALVES JR., D. G. *Depois de Auschwitz*: a questão do antissemitismo em Theodor W. Adorno. São Paulo/Belo Horizonte: Annablume/Fumec, 2003.

AMARAL, M. G. T. *O espectro de Narciso na modernidade*: de Freud a Adorno. São Paulo: Estação Liberdade, 1997.

BRECHT, B. *Vida de Galileu*. São Paulo: Abril Cultural, 1977.

CARONE, I. *A personalidade autoritária*: estudos frankfurtianos sobre o fascismo. 2002. Disponível em: <http://notes.ufsc.br/aplic/cfh.nsf/0/f8c5f4aa9513c2ae03256c4b007332dc?OpenDocument>. Acesso em: 27 ago. 2007.

CARREIRA, D. B. X. *Violência nas escolas*: qual o papel da gestão? 2005. 172 f. Dissertação (Mestrado em Educação). Universidade Católica de Brasília. Brasília.

CATINI, N. *Problematizando o bullying para a realidade brasileira*. 2004. 187 f. Tese (Doutorado em Psicologia). Pontifícia Universidade Católica de Campinas. Campinas, 2004.

CAVALCANTE, M. Como lidar com brincadeiras que machucam a alma. *Revista Nova Escola*, n. 178, dez. 2004.

CHAUÍ, M. *Convite à filosofia*. São Paulo: Ática, 1995.

CLARKE, V.; KITZINGER, C.; POTTER, J. Kids are just cruel anyway: lesbian and gay parents talk about homophobic bulying. In: *British journal of social psychology*, n. 43, p. 531-50, 2004. Disponível em: <http://www.bps.org.uk>. Acesso em: 22 jun. 2006.

COMTE, A. Curso de filosofia positiva. São Paulo: Nova Cultural, 2005.

CORBISIER, R. Introdução. In: LEFEBVRE, H. *Metafilosofia*. Rio de Janeiro: Civilização Brasileira, 1967.

CROCHÍK, J. L. A personalidade narcisista segundo a Escola de Frankfurt e a ideologia da racionalidade tecnológica. *Psicologia USP*, São Paulo, v. 1, n. 2, p. 141-54, 1990.

_____. *Preconceito, indivíduo e cultura*. 3. ed. São Paulo: Casa do Psicólogo, 2006.

DEBORD, G. *A sociedade do espetáculo*. Rio de Janeiro: Ed. Contraponto, 1997.

DORNELES, D. S.; GRIGOLETTI, M. S.; CANFIELD, M. S. Agressividade escolar. *Kinesis*. Santa Maria, n. 18, p. 51-75, 1997.

ESTADO DE SÃO PAULO. Governo japonês pede punição para *bullying* nas escolas. *Estado de São Paulo*. Caderno Educação, 29 nov. 2006. Disponível em: <http://www.estadao.com.br/educacao/noticias/2006/nov/29/296.htm>. Acesso em: 31 jan. 2007.

FANTE, C. *Fenômeno bullying*: como prevenir a violência nas escolas e educar para a paz. 2. ed. Campinas: Versus, 2005.

_____. *Bullying* - a prevenção começa pelo conhecimento. In: *1º Fórum sobre a violência escolar e educação para a paz de Piracicaba*. Palestra ministrada em 10 de março de 2007.

FERLAND, G. (dir.) *BANG BANG! Você morreu (BANG BANG! You're Dead)*. EUA: Paramount Home Entertainment. 1 DVD player (93 min), DVD, son., color, 2001.

FIGUEIRA, I. S.; FERREIRA Neto, C. A. *Bullying* - o problema de abuso de poder e vitimização de alunos. In: *I Congresso latino-americano sobre educação inclusiva*. João Pessoa: ed. UFPB, 2001.

FOLHA ON-LINE. Livro ensina pais a prevenir acidentes e evitar *bullying*, excesso de álcool ou droga. *Folha on-line*, Caderno Equilíbrio, 16 Nov. 2006b. Disponível em: <http://www1.folha.uol.com.br/folha/equilibrio/noticias/ult263u4219.shtml.> Acesso: 31 jan. 2007.

_____. Veja como enfrentar o *bullying* entre estudantes. *Folha on-line*, Caderno Equilíbrio, 16 novembro 2006a. Disponível em: <http://www1.folha.uol.com.br/folha/equilibrio/noticias/ult263u4220.shtml.> Acesso: 31 jan. 2007.

FREUD, A. *O ego e os mecanismos de defesa*. Rio de Janeiro: Civilização brasileira, 1974.

FREUD, S. Psicologia de grupo e a análise do ego. In: *Edição eletrônica brasileira das obras psicológicas completas de Sigmund Freud*. Rio de Janeiro: Imago, 1969a. v. 18.

_____. O tabu da virgindade. In: *Edição eletrônica brasileira das obras psicológicas completas de Sigmund Freud*. Rio de Janeiro: Imago, 1969b. v. 11.

_____. Psicología de las masas y análisis del yo. In: *S. Freud*: obras completas. Buenos Aires: Amorrortu, 1989a. v. 18.

_____. Tres ensayos de la teoría sexual. In: *S. Freud*: obras completas. Buenos Aires: Amorrortu, 1989b. v. 7.

_____. O futuro de uma ilusão. In: *Edição standard brasileira das obras psicológicas completas de Sigmund Freud*. Rio de Janeiro: Imago, 1996a. v. 21.

_____. O humor. In: *Edição standard brasileira das obras psicológicas completas de Sigmund Freud*. Rio de Janeiro: Imago, 1996b. v. 21.

_____. O mal-estar na civilização. In: *Edição standard brasileira das obras psicológicas completas de Sigmund Freud*. Rio de Janeiro: Imago, 1996c. v. 21.

_____. À guisa de introdução ao narcisismo. In: *Escritos sobre a psicologia do inconsciente*. Rio de Janeiro: Imago, 2004. v. 1.

GRIFFITHS, L. J. et *al.*; ALSPAC STUDY TEAM. Obesity and bullying: different effects for boys and girls. *Arch. Dis. Child*, n. 91, p. 121-125, 2005. Disponível em: <http://www.archdischild.com>. Acesso em: 22 jun. 2006.

HANNS, L. A. Interpretação: "Deutung". In: *Dicionário comentado do alemão de Freud*. Rio de Janeiro: Imago, 1996. p. 285-292.

HOBBES, T. Leviatã. São Paulo: Nova Cultural, 2004.

HOLMES, S. E.; CAHILL, S. School experiences of gay, lesbian, bisexual and transgender youth. *Journal of gay & lesbian issues in education*, v. 1, n. 3, 2003. Disponível em: <http://www.haworthpress.com>. Acesso em: 22 fev. 2007.

HORKHEIMER, M. Preface. In: ADORNO, T. W. et al. *The authoritarian personality*. New York: WW Norton, 1969. p. IX-XII.

_____. Teoria tradicional e teoria crítica. In: BENJAMIN, W. et al. *Textos Escolhidos*. 2. ed. São Paulo: Abril Cultural, 1983, p. 125-162.

_____. *Teoria crítica*: uma documentação. São Paulo: Perspectiva/EDUSP, 1990.

_____. *Gesammelte Schriften Band 17*: Briefwechsel 1941-1948. Frankfurt am Main: S. Fischer, 1996.

_____. *Eclipse da razão*. São Paulo: Centauro, 2002.

_____.; ADORNO, T. W. Diskussionen zu den "Elementen des Antisemitismus" der Dialektik der Aufklärung (1943). In: HORKHEIMER, M. *Gesammelte Schriften Band 12*: Nachgelassene Schriften 1931-1949. Frankfurt am Main: S. Fischer, 1985. p. 588-592.

_____.; FLOWERMAN, S. H. Foreword to studies in prejudice. In: ADORNO, T. W. et al. *The authoritarian personality*. New York: WW Norton, 1969, p. v-viii.

HOUAISS, A.; CARDOM, I. *Novo dicionário folha Webster's inglês/português, português/inglês*. São Paulo: Publifolha, 1996.

JAHODA, M.; ACKERMAN, N. W. *Distúrbios emocionais e antissemitismo*. São Paulo: Editora Perspectiva, 1969.

JANSSEN, I. et al. Associations between overweight and obesity with bullying behaviors in school-aged children. *Pediatrics*, v. 113, n. 5, p. 1187-1194, mai. 2004. Disponível em: <http://www.pediatrics.org>. Acesso em: 22 jun. 2006.

KANT, I. Resposta à pergunta: que é esclarecimento? In: *Textos seletos*. Petrópolis: Vozes, 1974.

_____. *Crítica da razão pura*. Trad. Manuela Pinto dos Santos e Alexandre Fradique Morujão. 3. ed. Lisboa: Fundação Calouste Gulbenkian, 1994.

KEHL, M. R. *Ressentimento*. São Paulo: Casa do Psicólogo, 2004.

KIM, Y. S.; KOH, Y. J.; LEVENTHAL, B. School bullying and suicidal risk in Korean middle school students. *Pediatrics*, v. 115, n. 2, p. 357-63, fev. 2005. Disponível em: <http://www.pediatrics.org>. Acesso em: 22 jun. 2006.

KNAFO, A. Authoritarians, the next generation: values and bullying among adolescent children of authoritarian fathers. *Analyses of social issues and public policy*, v. 3, n. 1, p. 199-204, 2003.

LAPLANCHE, J.; PONTALIS, J. B. *Vocabulário da psicanálise*. Trad. Pedro Tamen. 4. ed. São Paulo: Martins Fontes, 2001.

LEFEBVRE, H. *Metafilosofia*. Rio de Janeiro: Civilização Brasileira, 1967.

LISBOA, C. S. M. (2005). *Comportamento agressivo, vitimização e relações de amizade de crianças em idade escolar*: fatores de risco e proteção. 2005. 146 f. Tese (Doutorado em Psicologia). Universidade Federal do Rio Grande do Sul. Caxias do Sul.

LLOYD, G.; STEAD, J. From difference to deviance: the exclusion of gypsy-traveler children from school in Scotland. *International journal of inclusive education*, v. 2, n. 4, p. 359-369, 1998. Disponível em: <http://www.scottishtravellered.net>. Acesso em: 22 fev. 2007.

_____. The boys and girls not calling me names and the teachers to believe me: name calling and the experiences of travelers in school. *Children & society*, v. 15, n. 5, p. 361-374, 2001.

LOBATO, E. Maldade de menina. *ISTOÉ*, Comportamento, 22 set. 2004. Disponível em: <http://www.istoe.com.br/reportagens/10513_ MALDADE+DE+MENINA?pathImagens=&path=&actualArea=inte rnalPage>. Acesso em: 17 dez. 2009.

LOPES NETO, A. A. Bullying – comportamento agressivo entre estudantes. *Jornal de pediatria*, v. 81, n. 5, Supl., p. s164-s172, 2005.

LÖWENTHAL, L. *Indivíduo e terror*. Trad. Antonio Alvaro Soares Zuin. São Carlos: UFSCar, 1998.

LUKÁCS, G. *História e consciência de classe*: estudos de dialéctica marxista. Porto: Publicações Escorpião, 1974.

MAAR, W. L. À guisa de introdução: Adorno e a experiência formativa. In: ADORNO, T. W. *Educação e emancipação*. São Paulo: Paz e Terra, 1995.

_____. A produção da sociedade pela indústria cultural. *Olhar*, ano 2, n. 3, p. 84-107, 2000.

_____. Materialismo e primado do objeto em Adorno. *Trans/Form/Ação*, São Paulo: v. 29, n. 2, p. 133-154, 2006.

MARCUSE, H. *El hombre unidimensional*: ensayo sobre la ideología de la sociedad industrial avanzada. Barcelona: Planeta-De Agostini, 1993.

MARTINS, M. J. D. O problema da violência escolar: uma clarificação e diferenciação de vários conceitos relacionados. *Revista portuguesa de educação*, Braga, v. 18, n. 1, p. 93-115, 2005.

MARX, K. Condições históricas da reprodução social. In: OCTAVIO IANNI (Org.). *Marx*: Sociologia. 2. ed. São Paulo: Ática, 1980.

_____.; ENGELS, F. *A ideologia alemã*. São Paulo: Martins Fontes, 1998.

MEDEIROS, C. M. B. *Agressões em uma escola de ensino fundamental*: visão dos alunos, professores e funcionários. 2006. 128 f. Dissertação (Mestrado em Educação). Centro de Educação e Ciências Humanas, Universidade Federal de São Carlos. São Carlos.

NIN, J.; ALANIZ, A. *Cyber-bullying* cresce no Brasil. *Fantástico*, 29 abr. 2007. Disponível em: <http://video.globo.com/Videos/Player/

Noticias/0,,GIM670 685-7823-L-CYBERBULLYING+CRESCE+NO+ BRASIL,00.html>. Acesso em: 09 set. 2007.

MERCATELLI, V. *Bullying*. Não tem a menor graça! *Atrevida*, n. 126, fev. 2005. Disponível em: <http://atrevida.uol.com.br/beleza-gente/126/artigo5055-1.asp>. Acesso em: 31 jan. 2007.

MIRANDA, M. I. F. *Violências nas escolas sob o olhar da saúde*: das indisciplinas e incivilidades às morbimortalidades por causas externas. 2004. 245 f. Tese (Doutorado em Enfermagem em Saúde Pública). Universidade de São Paulo. Ribeirão Preto, 2004.

NIETZSCHE, F. Sobre verdade e mentira no sentido extramoral (1873). In: *Nietzsche*. São Paulo: Nova Cultural, 2005.

OLWEUS, D. *Bullying at school*: what we know and what we can do. United Kingdom: Blackwell publishing, 1993.

_____. La mediación es injusta: equipara a víctima y verdugo. Entrevista a José M. Lacasa. *Magistent*, 11 out. 2006. Disponível em: <http://www.magisnet.com/articulos_imprimir.asp?idarticulo=2188>. Acesso em: 16 set. 2007.

ONLINE ETIMOLOGY DICTIONARY. (s/d). Disponível em: <http://www.etimonline.com>. Acesso em: 16 set. 2007.

PEDRA, J. A. *Bullying* – causas e consequências psicológicas. In: *1º Fórum sobre a violência escolar e educação para a paz de Piracicaba*. 10 mar. 2007.

PEREIRA, B. O. *Para uma escola sem violência*: estudo e prevenção das práticas agressivas entre crianças. Porto: Fundação Calouste Gulbenkian, 2002.

PINHEIRO, F. M. F. *Violência intrafamiliar e envolvimento em* bullying *no ensino fundamental*. 2006. 148 f. Dissertação (Mestrado em Educação Especial). Centro de Educação e Ciências Humanas, Universidade Federal de São Carlos. São Carlos.

POTEAT, V. P.; ESPELAGE, D. L. Exploring the relation between bullying and homophobic verbal content: the homophobic content agent target (HCAT) scale. *Violence and victims*, v. 20, n. 5, p. 513-528, out. 2005.

RAY, V; GREGORY, R. School experiences of the children of lesbian and gay parents. *Family matters* – Australian institute of family studies, n. 59, p. 28-34, 2001. Disponível em: <hhtp://www.eric.ed.gov>. Acesso em: 22 jun. 2006.

RIBEIRO, C. Entenda o *bullying*. *Mais Você*. 21 jun. 2005. Disponível em: <http://maisvoce.globo.com/MaisVoce/0,,MUL479563-10345,00-ENTENDA+O+BULLYING.html>. Acesso em: 06 fev. 2007.

_____. O *bullying* pode causar sérios traumas. 30 jan. 2006. Disponível em: <http://maisvoce.globo.com/variedades.jsp?id=10025>. Acesso em: 31 jan. 2007.

RIGBY, K. *A meta-evaluation of methods and approaches to reducing bullying in pre-schools and early primary school in Australia*. Attorney-General's Department, Canberra, 2002. Disponível em: <http://www.crimeprevention.gov.au>. Acesso em: 25 mar. 2006.

ROUANET, S. P. *As razões do iluminismo*. São Paulo: Companhia das Letras, 1987.

_____. *Teoria Crítica e Psicanálise*. Rio de Janeiro: Tempo brasileiro, 1998.

SANTOS, L. M. P. *O assédio moral nas relações privadas*: uma proposta de sistematização sob a perspectiva dos direitos da personalidade e do bem jurídico na integridade psíquica. 2005. 250 f. Dissertação (Mestrado em Direito). Universidade Estadual de Maringá.

SCHÄFER, M. Abaixo os valentões. Trad. Suzi Yumi. *Viver mente & cérebro*, n. 152, set. 2005.

SERRÃO, M.; BALEEIRO, M. C. *Aprendendo a ser e a conviver*. São Paulo: FTD, 1999. p. 103.

SEVERIANO, M. F. V. *Narcisismo e publicidade*: uma análise psicossocial dos ideais do consumo na contemporaneidade. São Paulo: Annablume, 2001.

SJÖBERG, R. L.; NILSSON, K. W.; LEPPERT, J. Obesity, shame and depression in school-aged children: a population-based study. *Pediatrics*, v. 116, n. 3, p. 389-392, set. 2005. Disponível em: <http://www.pediatrics.org>. Acesso em: 22 jun. 2006.

SMITH, P. K. Intimidação por colegas e maneiras de evitá-la. In: DEBARBIEUX, E.; BLAYA, C. (orgs.). *Violência nas escolas e políticas públicas*. Brasília: UNESCO, 2002. p. 187-205.

_____. *et al*. Definitions of bullying: a comparison of terms used, and age and gender differences, in a fourteen-country international comparison. *Child development*, v. 73, n. 4, p. 1119-1133, 2002.

SPOSITO, M. P. Um breve balanço da pesquisa sobre violência escolar no Brasil. *Educação e pesquisa*, São Paulo, v. 27, n. 1, p. 87-103, jan.-jun. 2001.

STEIN, M. T.; FRASIER, S. D.; STABLER, B. Parent requests growth hormone for child with idiopathic short stature. *Pediatrics*, v. 114, n. 5, nov. 2004. Disponível em: <www.pediatrics.org>. Acesso: 22 jun. 2006.

VAN SANT, G. (dir.) *ELEFANTE (ELEPHANT)*. EUA: HBO Films/Blue Relief Productions/Meno Films/Pie Films/Fearmakers Studios. 1 DVD player (81 min), DVD, son., color, 2003.

WAL, M. F. van der; WIT, C. A. M; HIRASING, R. A. Psychosocial health among young victims and offenders of direct and indirect bullying. *Pediatrics*, v. 111, n. 6, p. 1312-1617, jun. 2003. Disponível em: <http://www.pediatrics.org>. Acesso em: 22 jun. 2006.

WATERS, M. S. (dir.) *MENINAS MALVADAS (MEAN GIRLS)*. EUA: Paramount Pictures/M. G. Films/Broadway Video. 1 videocassete (97 min), VHS/NTSC, son., color, 2004.

WIGGERSHAUS, R. *A Escola de Frankfurt*: história, desenvolvimento teórico, significação política. 2. ed. Rio de Janeiro: Difel, 2006.

YONEYAMA, S.; NAITO, A. Problems with the paradigm: the school as a factor in understanding bullying (with special reference to Japan). *British journal of sociology of education*, v. 24, n. 3, 2003.

Impresso por :

gráfica e editora

Tel.:11 2769-9056